ひろさちやの「道元」を読む

佼成出版社

まえがき

二〇〇二年は、道元禅師の七百五十回大遠忌《だいおんき》の正当年《しょうとうねん》です。道元禅師が建立された永平寺においては、この大遠忌の法要が厳修《ごんしゅ》されました。

そして、この年の三月三十一日に、高野山真言宗総本山金剛峯寺の和田有玄座主《わだゆうげんざす》猊下《げいか》が永平寺に表敬訪問をされたのです。これは日本の仏教史に残る出来事です。弘法大師空海によって開かれた真言宗と、道元禅師によって開かれた曹洞宗とは、これまで正式の交流がなかったのですが、その正式交流がなされたのですから、歴史的な出合いと呼ぶべきでしょう。

そこで、当日、永平寺の第七十八世貫首であられる宮崎奕保《みやざきえきほ》禅師猊下と、高野山の和田座主猊下が対談されることになり、わたしが呼ばれてその司会役をさせていただきました。宮崎禅師は一九〇一年生まれであり、数え年で百二歳です。和田座主は一九二二年の生まれ。超ビッグな対談です。その司会をさせていただくのですから、まさに身にあまる光栄でした。と同時に、すっかり緊張してしまいました。

この日、宮崎猊下が言われたことが、わたしの印象に残っています。

「弘法大師さまは〝仏法〟を、道元禅師さまは〝仏道〟を伝えられました」

そうなんです。道元禅師が伝えたのは、「仏道」でありました。仏教の教えを、われわれの日常生活の中でどのように実践していくのか、その実践の仕方を道元禅師はわれわれに教えてくださったのです。

考えてみれば、われわれはある程度は仏教を知っています。日本人であれば、知らず知らずのうちに仏教の教えを教わっているのです。

ところが、日常生活の中で、その教えをどのように実践すればいいのかがわかっていないのです。たとえば、「布施」ということを教わり、「少欲知足」といったことを教わっています。だが、家庭において、学校において、社会において、職場において、われわれはどのように行動すべきかがわかっていません。そのために、仏教の名において他人を非難したり攻撃したりします。世の中が不景気になれば、景気回復を声高に叫ぶ仏教者がいますが、その人は「少欲」の意味がわかっていないのです。学校において、子どもが自分の成績をよくすることに努力すればするほど、成績のよくない子を傷つけているのですが、その矛盾に気づいていません。

その意味では、仏教を学ぶことはそれほどむずかしくはありません。ただ、それを日常生活の中で実践することがむずかしいのです。

今回、わたしが『「道元」を読む』といった本をつくるにあたって考えたのは、ここのところです。

七百五十年の過去に道元禅師が考えられたことは、その時代の社会背景の中で正しい仏法をどのように実践するか、でありました。われわれがその「道元」に学ぶのであれば、二十一世紀初頭という時代背景の中で、道元禅師の教えをいかに日常生活の中に反映させるかが中心テーマになるはずです。わたしはその点に留意しつつ、この本をつくりました。

そして、「道元」を読みながら得られた結論は、七百五十年という時間はゼロに等しいということでした。七百五十年前に道元禅師が生きた現実と、われわれがいま生きている現実は、まったく同じです。時間の経過は無視してよいのです。ということは、仏教の教えは永遠の真理です。ある時代にあっては正しい、しかし別の時代にあっては仏教の教えは役に立たない——といったようなものではありません。いつの時代、どんな社会にあっても、仏教の教えは正しく、永遠の真理であり続けているのです。

そして、そのことこそ、道元禅師が教えられたことです。

だとすれば、われわれはどのようにその教えを実践するか、です。読者もそれを考えながら、「道元」を読んでいただきたいと思います。

合掌

二〇〇二年十月

ひろさちや

ひろさちやの「道元」を読む●目次

第一章 なぜ修行しなければならないのか

第二章　わが身をも心をもはなちわすれる

第四章 布施とはむさぼらないこと

第五章　仏教者は原理主義者であれ

装幀・本文レイアウト▼巖谷純介

第一章

なぜ修行しなければならないのか

なぜ修行しなければならないのか

「人間は本来、仏であるのなら、どうして修行をしなければならないのだろうか?」

若き道元は、比叡山で修行に打ち込むなかで、ひとつの大きな疑問を抱きます。

鎌倉時代の比叡山にあっては、

——本来本法性《ほんらいほんぽつしょう》 天然自性身《てんねんじしょうしん》——

という考えが支配的でした。「人は生まれながらにして悟っている。もとより仏である」というのです。

道元は、その考えに対して根本から疑問を持ちました。

それを比叡山の偉い坊さんたちに問うてみました。けれども、誰も満足のいく答えを、道元に示してはくれませんでした。

比叡山のお坊さんにすれば、修行することは当たり前です。修行するからお坊さんなのです。

ところが道元は、そんな「当たり前のこと」に、疑問を抱きました。

――修行するのは当然というが、ほんとうのところ、どうなのだろうか。人間はすでに悟っているというのなら、どうしてそこまで修行をしなくてはならないのだろうか。どうして歯を食いしばって、不眠不休でやるのだろうか。そもそも、なんのための仏教なのだろうか。

道元は、そういう問いを深めていきました。

本来、仏道とは、人間の苦悩を根本的に解決するためのものです。しかし、努力とがんばり主義によって、修行自体が自己目的となってしまい、大切な「いま」を犠牲にしてしまっている。そこに道元は根本的な疑問を抱いたわけです。

ここで、道元の生い立ちをみてみましょう。

道元は、時の為政者の子として生まれました。父は、内大臣久我《こが》通親《みちちか》、母は太政大臣藤《ふじ》原基房《わらのもとふさ》の娘です。両親についてはいろいろな説がありますが、ともあれ政治を仕事とする貴族階級の家に生まれたのです。

ところが三歳で父を失い、八歳で母を亡くします。道元は、立ちのぼる香の煙が消えていくさまをみて、この世の無常を感じ、仏道を志すようになったといいます。そして、十三歳の春、天台宗の僧侶であった叔父の良観を訪ね、その勧めで比叡山に入りました。翌年、天台座主《ざす》公円のもとで剃髪《ていはつ》し、比叡山の戒壇で大乗菩薩戒を受けて「道元」と名のりました。

大叔父にあたる九条家の慈円僧正《じえんそうじょう》は、かつて天台座主の位にまで就いていました。高貴な公家出身の道元は、いずれは天台座主につくほどの素養の持ち主として期待されたことでしょう。道元も、「名僧になることこそが亡き母への供養になる」とも思い、日々仏教書の研究に邁進し、大蔵経五千余巻を通読すること二回、さらには密教の加持祈禱《かじきとう》まで修得したといいます。

「なぜ修行をしなくてはいけないのか」という問いを抱くのは、やはり道元には、貴族であり政治家の血が流れているからではないでしょうか。いわば〝アマチュアリズム〟に立っていたといえるかもしれません。プロの世界にどっぷりと浸かっていれば、修行は当たり前なのですから、そんな疑問はおきてくるはずがありません。

道元は、「修行するのは当たり前」と信じて疑わない比叡山の僧侶たちとは、パラダイム（思考の枠組み）が異なる人間だったのでしょう。道元は、練習するのが当たり前と思っているプロ野球の世界で、「いったいなぜ練習せねばならないのか」といった疑問を持った人間に似ているのです。

プロとアマ

いまの世の中ではプロとアマといえば、プロのほうが偉いと思われています。しかしほんとうは、アマチュアのほうが偉いのです。

第一回のアテネのオリンピックの参加資格はアマチュアでした。いまはアマチュアとは、「趣味や余技としてする人。ノンプロ」という意味で使われますが、当時はまったく職業を持っていない者がアマチュアです。なんらかの職業を持っている者は、オリンピックに出られなかったのです。ジェントルマン、つまり紳士だけがアマチュアだったのです。

本来はアマチュアにこき使われている存在がプロなのです。たとえば、貴族が名誉をかけて決闘をします。ほんとうに大事なときには自らが決闘するけれども、小さなことなら相手と闘うのはばかばかしい。そうすると、お互いにおかかえ芸人を競わせて、勝敗を決するのです。その芸人がプロでした。

アマとプロのいちばん大きな差は、「練習するかしないか」です。プロは、メシの種だから練習しなければいけないのですが、アマは練習しません。ゲームを下手なままに楽しむのが、アマチュアのジェントルマンのあり方です。

わたしはゴルフをしませんが、イギリス人から「日本人とゴルフをするのは、面白くない」といわれることがあります。訳を聞くと「日本人は猛烈に練習してくるから」というのです。

イギリス人は、時間をやりくりして、家庭サービスをして、それで余暇に仲間と集まってゴルフを楽しもうというスタンスがあります。ところが日本人は、しゃにむに練習するので、前回のプレイ時よりも格段にうまくなっています。そういう連中とプレイをしても、楽しくないというわけです。

六本木のあるクラブにダーツ（矢投げ遊び）が置いてありました。日本人も外国人も、みんなで楽しんでいました。ところが、一年たったら、取り外されていました。日本人は、家でダーツを買ってまで練習している。手もとが狂うので飲まないなどと言っては、必死にゲームをやっている。アメリカ人などから、「あんな雰囲気になったら、楽しく飲めない。取っ払ってほしい」と言われたというのです。

日本人は、カラオケにしても、酒の場でみんなで気楽に歌うだけなのに、上手になろうとして一所懸命に練習します。

高校野球なども、なぜ、あそこまで必死になって日本一を争うのでしょうか。年がら年中、野球をやっているなんておかしいと思うのです。グローブを手にはめて寝るとか、バットを抱いて寝るとか、まるで命を懸けているような姿勢で、どこかおかしいと思うのです。

朝から晩まで、練習・練習と高校生を追い込んでいくのは、けしからんと思うのです。わたしは「二時間以上練習したら、試合には出場停止」とすればいいと思うほどです。

同じことが、受験勉強の世界でもあります。試験に受かるためだけの丸暗記の勉強を、睡眠時間を削ってやっています。そんな勉強をしていたら、いびつな人間になってしまいます。青春時代は、勉強もするが、読書や映画を楽しみ、恋もするような大らかさが必要です。そういう青年がジェントルマンに育っていくのです。

歩みそのものが究極

道元は政治家の血を引いていますから、ものの考え方が、どうしても政治的な思考に傾いてしまうのだと思います。道元は、そういう自分の体質に気づいていたことでしょう。政治と宗教という相反するあり方に、生涯、どれほど悩んだことかと思います。

政治的な思考とは、端的にいえば「目的が優先される」ことです。ときには「目的のためには手段を選ばない」というのが政治の論理です。宗教はこれとは逆で、「目的よりもむしろプロセス（過程）」を大切にします。

このことを、仏教では、

――方便――

といいます。一般的には「ウソも方便」などと言われて、目的を達成する際に利用される巧みな手段と思われています。しかし、本来は、古いインドのお経のことばであるサンスクリット語では〝ウパーヤ〟といいますが、これは「近づく」「接近する」という意味です。すなわち、

――目標に向かって一歩一歩近づく――

ということです。

『法華経』の「化城喩品《けじょうゆほん》」には、こういうお話があります。

はるか遠くの宝の国をめざして、旅人たちが砂漠を行きます。しかし、目的地はあまりにも遠い。そこで人々は疲れ果て弱気になり、途中から「引き返したい」と言いだす者も出てきました。

そんなとき、一行のリーダーは、「これではダメだ。この連中は、このままでは宝の国へたどりつけないだろう」と思って、砂漠の中に神通力で幻の城をつくります。そして、「諸君、あそこに大きな城がある。あそこでゆっくり休もう」

と励まします。そこで人々は、やれやれ助かったと休んで、元気を回復します。

すると、そのリーダーは、神通力でつくった幻の城を消してしまい、

「じつはこの城は、諸君たちを休ませるために、わたしがつくったのだ。あそこがほんとうの目的地だよ。もう少しだ。へばるな！」

と言って、一行を励ましながら、再び目的地に向かって歩み始めます。

この物語は、仏がさまざまな方便をつかって、衆生を悟りに導くことを示しています。仏という目的に近づく歩みそのものが、方便です。それは到達することよりも、歩み続けることが尊いのです。

『大日経《だいにちきょう》』というお経があります。密教の代表的なお経ですが、その中に、

菩提心を因と為し、大悲を根と為し、方便を究竟と為す。

（『大日経』「入真言門住心品」）


ということばがあります。

「菩提心《ぼだいしん》」とは、「悟りを求める心」であり「仏の心」です。それが〝種《たね》〟です。

「菩提心」という〝種〟から、「大悲」という〝根〟が生えて、やがて〝芽〟を出して伸びていきます。「大悲」というのは「慈悲の心」です。〝慈〟とは「友情」といった意味であり、〝悲〟とは「呻《うめ》き」です。嘆き苦しんでいる者に友情を持ち、そのかたわらにあって、相手の苦しみをわが身に感じて呻くのです。それが「慈悲」です。

この芽は、どこまでもどこまでも伸びていきます。それには果てがありませんし、到達点もありません。この伸びていくプロセスこそが、方便なのです。

仏道修行とは、菩提心をおこし、慈悲の心を持って、果てしなく伸びていくことです。仏に一歩一歩近づいていくことです。その「歩みそのもの」が究極のあり方なのです。

わたしは、原稿を依頼されて「一歩前進・二歩後退」と書くことがあります。すると、編集者から「それでは、後ろに下がってしまいます。〝二歩前進・一歩後退〟のまちがいじゃありませんか?」と、きかれます。

一般的には「後ろに下がってしまったら、目標に到達できない。それでは意味がない」と考えてしまうのですね。しかし、「一歩前進・二歩後退」がいいのです。わたしは、一歩ふみだす歩みそのものを大切にしたいのです。

いくら後退しても、一歩進むのです。それは果てがありません、終点がありません。いつも一歩です。それが方便ということなのです。

わたしたちは、目標を設定すると、いつも結果のほうを先に考えてしまいます。しかし、目的地に到達できるか否かよりも、プロセス（過程）こそが大事なのであって、結果は二の次だともいえます。

結果にこだわらないでプロセス(過程)を大切にすることが、豊かな人間の生き方です。たとえ目標に到達できなくても、一歩一歩、歩んでいくのです。その歩みそのものがすばらしいのです。

また一歩、歩みだす

「仏教」には、大きくは「小乗仏教」と「大乗仏教」があります。

お釈迦さまが亡くなったのち、出家の仏教者たちは戒律をたもって僧院などに定住して修行をします。この初期の出家教団を母体としてできたのが小乗仏教です。これに対して、在家の仏教者を中心にしてできたのが、大乗仏教です。

小乗仏教は、インドからタイやスリランカ、ミャンマーなどに広まりました。大乗仏教は、インドから中国、朝鮮そして日本に伝播しました。ここで小乗仏教と呼ぶのは大乗仏教の立場からであって、小乗仏教の教団が自らを小乗（劣った乗物）と呼んだのではありません。

この小乗仏教と大乗仏教では、めざすところがちがいます。小乗仏教は、

――阿羅漢《あらかん》――

になることが究極の目標です。「阿羅漢」とは、悟りに達した聖者で、「応供《おうぐ》」と訳されます。「みんなから尊敬され供養されるのに値する聖者」のことです。そういう境地をめざして修行をするのが小乗仏教です。

しかし、この境地に到達するのは、とてもむずかしいことです。

それは、最難関の試験で百点満点を取るようなものです。エリート中のエリートで、何万人のうちの一人かもしれません。でも、お釈迦さまが亡くなったときには、五百人の阿羅漢がいたとされていますから、まったく不可能なことではありません。

これに対して、大乗仏教がめざすのは、

——仏——

です。どういう境地かといえば、それは「無限大」なのです。

大乗仏典には、五十六億七千万年というような期間の修行を積んで、はじめて仏になれるという表現があります。あるいは「三大阿僧祇劫《さんだいあそうぎこう》」というような膨大な時間を示すこともあります。すなわち、

——仏は無限の彼方にある——

ということを示して、仏になることの不可能性を教えているのです。わたしたちの智慧では、「仏」の境地をはかることができないのです。

小乗仏教において、阿羅漢の境地を得るということは、ちょうどドーバー海峡や対馬海峡を泳いで渡るようなものです。誰もが泳げるわけではありませんが、なかには泳げる人間もいます。そうすると、そんなに困難なことを達成するのですから、泳ぎきった人間は、とても偉くみえます。

いっぽう大乗仏教において、仏の境地を得るというのは、日本からアメリカまで泳いで

渡るようなものです。ですから、誰も渡ることができません。はるか遠くまで泳げる人もいれば、近海まで泳げる人、浅瀬までしか泳げない人、まったく泳げない人、それぞれいることでしょう。

しかし、アメリカまで泳いで渡ることができないという意味では、みんな平等です。十キロ泳いで偉そうな顔をしてみても、一メートルしか泳げなくても、太平洋の大海から見れば、どちらでも同じということです。

それは、仏にはなれないことを言いたいのではありません。わたしたちが、いくら努力をしてみても、たかが知れている。

――ほとけさまから見たら、みんな「ただの凡夫」――

ということを教えているのです。

無限大を基準にすれば、十点や二十点の差はどうでもいいのです。しかし、わたしたちは、そういうほとけさまの物差しで見られないから、「あの人は努力しない、この人は努力している」と、優劣の目で見てしまいます。それでは、大乗仏教の心はわかりません。

人間の努力などというものは、ほとけさまから見れば、なんでもないもので、みんなゼロ

に等しいのです。だから、修行の進み具合などは問わないのです。仏になれるかなれないかは、問わないのです。大切なことは、

──仏に向かって歩むという、その歩みそのもの──

です。ですから「一歩前進・二歩後退」でいいのです。目標に到達できるかどうかは、問題にしないのです。

たとえ後退したとしても、また一歩、歩みだすことが大切です。それが、方便の意味です。

みんなが菩薩

大乗仏教においては、悟りを開いたほとけさまだけが偉いのではありません。まだ悟りは開いていないけれども、悟りに向かって精進《しょうじん》している人も、ほとけさまと同様に立派だととらえています。悟りに向かって精進している人のことを、

──菩薩──

と呼びます。菩薩とは、サンスクリット語で〝ボーディ・サットヴァ〟といい、「悟りを求める者」「求道者」と訳されます。

菩薩といいますと、有名なのは、観音さまとかお地蔵さんでしょう。あるいは、文殊《もんじゅ》菩薩とか普賢《ふげん》菩薩など、仏典には数多くの菩薩が登場します。これらの菩薩は、ほとけさまと同等の力を持っている菩薩です。ですから、菩薩というと特別な存在と思われますが、そうではないのです。

わたしたちのような凡夫であっても、

——ほんの一歩でも、仏道を歩みはじめた人間は、みな菩薩——

なのです。悟りを求めて歩み続けるという意味で、みな等しく菩薩なのです。

さて、先ほど仏とは、とても到達できない境地だと言いました。

では、仏になったらどうなるのでしょうか。もう目標を達成してしまったのだから、のほほんと昼寝しているのでしょうか。

そんなことはありません。仏になっても、休むことはありません。なお仏に向かって歩

み続けるのです。すなわち、
――仏とは、歩み続ける存在――
なのです。道元は、ここのところを、

仏にいたりて、すすみてさらに仏をみるなり。
（「仏向上事《ぶつこうじょうじ》」）

と述べています。仏になっても、さらにまた進むのです。仏もまた、永遠に方便を行じているのです。

歩み続けるという意味で、仏も菩薩だということができるのです。

これまで述べてきたように、大乗仏教は、「歩み続けるという過程」を大切にするのです。

それに対して、世の中のあり方、とくに政治の考え方は、「目的を達成すること」に価値を置きます。成果を大切にします。どんな手段を講じても目的を達成しようとします。

泳いで渡れなければ、人を殺してそれを浮き袋にして渡ればいいというほどの、非情な発想まで持ってしまいます。それが、政治の論理です。

道元は、政治家の血を受けた者としての「目的達成主義」と、「過程を大切にするあり方」とのはざまで、おそらく一生かかって悩んだのだと思います。

いまここ文字《もんじ》、いまここ弁道《べんどう》

比叡山に失望した道元は、三井寺《みいでら》の座主公胤《こういん》を訪ねて、疑問をぶつけます。

「それに答えることはやさしいが、答えたところでそなたの疑問の解決にはならないだろう」

公胤は、道元にこう諭します。そして、「近ごろ栄西禅師が中国から新しい禅というものを携えてきたので、禅師に会ってみてはどうだ」と勧めました。

公胤が、道元の疑問に対して簡単に答えなかったのは、とても大事なことだと思います。簡単に答えてしまっては、かえってわからなくなってしまうものです。若き日の疑問は、安易に答えをつかもうとしないことです。ずっと問い続けていくなかに、自分なりに納得のいくものが見つかるからです。

公胤の勧めによって、道元は、十五歳のとき京都・建仁寺の栄西禅師の門に参じます。しかし、栄西は病床にあり会うことはできませんでした。そこで、栄西の弟子の明全《みょうぜん》のもとで修行することになります。そして、二十四歳のとき、明全とともに、中国に渡ります。

道元の乗った船は、あこがれてやまなかった禅宗の本場の地、中国に着きます。しかし、寧波《にんぽう》の港ですぐには上陸を許されませんでした。明全だけは、先に上陸が許可されて天童山に上っていきます。

なぜ、道元は入国が許されなかったのでしょうか。天童山への入門の手続きのために手間取ったためでしょうか。

それは、おそらく比叡山の戒律の問題があったのだと思います。

道元は、比叡山で受戒しています。比叡山の戒律は、「大乗菩薩戒」です。これは、最澄が大乗仏教の菩薩の心で修行することを目的として定めた戒律で、それまでの僧侶になるための煩瑣《はんさ》な戒律よりも、ゆるやかなものでした。

ところが中国にあっては、「二百五十戒（具足戒《ぐそくかい》）」を受けてないと、正式の僧侶とは認められません。大乗菩薩戒を受けているだけでは、俗人と同じとみなされて簡単には上陸させてもらえなかったのでしょう。いっぽう明全は、奈良の東大寺で二百五十戒を受けているので、正式な僧侶として認められて、上陸を許されたのだと思います。

ともあれ、道元は約三カ月の間、港に留まることを余儀なくされました。ただ、まったく船の中にいたわけではなく、時折上陸しては、明州《みんしゅう》の諸山を巡視したり、宋朝の禅寺の様子を視察して、入門後の修行の準備をしていました。

道元にとって、着岸早々、船中に逗留しなければならなかったことで、歯がゆい思いをしたことでしょう。

しかしこのとき、道元は、中国の禅僧とのかけがえのない出会いをすることになるのです。

ある日の夕刻、一人の老僧が船中にやってきました。

道元は老僧に茶を進めてもてなしました。彼は禅宗五山の一つ阿育王山《あいくおうざん》の広利寺《こうりじ》で典座《てんぞ》

(食事の世話をする役職)をしているといいます。「明日は端午の節句にあたるので、山内の修行僧に麺汁《めんじゆう》をごちそうしたい。その調味料として日本産の椎茸を買いに来た」というのです。

彼は郷里をはなれて四十年、諸方の禅寺を行脚《あんぎや》して、もう六十一歳になるといいます。午前中に阿育王山を出発し、約二十キロもの行程を歩いて来たのでしたが、用事がすんだらすぐ帰るというのです。

道元は「今日、はからずもお会いすることができ、仏道修行のよい励みとなりました。今夜はわたしがあなたさまを食事にお招きして一夜語り合いたい」と申し出ます。

すると老典座は「それはできません。明日の阿育王山の衆僧への食事は、わたしがどうしても管理しなければいけないのです」と言います。

「阿育王山ともいわれる名刹であれば、斎粥《さいしゆく》を調理する僧が貴僧のほかにいないこともありますまい。貴僧が一人くらい不在でも、仕事に事欠くことはないでしょう」と道元は言います。

典座は答えて、「わたしは老年にいたってこの職を担当したので、これを最後の弁道と心得ています。どうして他人にこの仕事をまかせられましょうか。また、こちらに来るとき許可を得ていないので、規定に反して一夜でも外泊するわけにはいきません」と言います。

老僧があまりに典座の仕事にこだわるように思って、道元は忠告めいたことを言ってしまいます。

「貴僧は随分のお年だが、それなら静かに坐禅弁道し、また古人の公案《こうあん》・祖録《そろく》などを見て励まれたらよさそうなものです。それをしないで、どうして煩わしい典座職にあって苦役に専心努めているのですか。何かよい功徳でもあるのですか?」

それを聞いて老典座は大笑しました。

「外国の若い方よ。あなたはまだ弁道のなんたるかをわかっていない。文字のなんたるかも知っていない」

このことばを聞いて、道元は驚いて恥じ入りました。失礼をわびて謙虚に教えを乞います。

「文字とはいかなるものですか、弁道とはいかなるものですか?」

典座は、答えます。

「仏法を合理的に、ただ理屈でわかろうとするなら、問題の要点とすれ違って何も得られまい。問題と自分とが一体になることだ。問いと自己とが一つになるその人こそ、文字を知り、道を体得した人にほかならない」

典座は語り終わって座をたちました。

「もう日が暮れました。いそぎ帰りましょう」

そう言い残して、去ってしまいました。

老典座の言いたかったことは、「仏道とは特別なことではない。日常生活そのものなのだ。生きている生きざまそのものが修行なのだ」ということです。

道元には、「修行とは特別なものである、日常を離れた別な世界のものである」という意識があったのでしょう。ですから、かの老典座の語ったところは、なかなか理解できなかったのです。しかし道元にとって、この出会いは大きな教訓となりました。

やがて入国を許された道元は、天童山《てんどうざん》にのぼり、景徳寺《けいとくじ》で住職の無際了派《むさいりようは》について禅を学ぶことになります。

ある日、はからずもかつて船の中で出会った老典座が、天童山にひょっこり訪ねて来ました。典座職を退職し、郷里に四十年ぶりで帰るというのです。そして、道元がこの禅寺にいることを聞き及んで、帰る前に会いたいとやって来たのです。

道元は大いに喜び、あのとき理解できなかった「文字弁道」（ほんとうの文字、ほんとうの修行）ということについてあらためて問います。

老僧は答えます。

「文字（学問）を学ぶ者は、文字とは何かをはっきりと究明しなければならない。仏道修行を志す者は、仏道とはなんであるかを納得することが必要です」

道元「では文字とはなんでしょうか？」とききます。

老僧は「一二三四五」と答えます。頭の中に詰まった知識などは、たんなる記号のようなものだというのでしょう。

道元は問います。「では修行とはなんでしょうか？」

老僧は答えます。「森羅万象ことごとくは、昔からそのままの姿で、何ものも隠すところはない。あらゆるものごとはすべて真理で、学問修行の対象でないものはない」

目に触れ耳に聞こえるものすべてが、仏道の道しるべであり、生きた文字である。この世のすべてのものが、あまねく仏道の真理を語っているというのです。

いまを外して、いつ、そのときが来る

またあるとき、道元は、名もなき一老典座に接して、仏道の極意を知らされることになります。

夏の炎天下に、一人の老僧が海藻を干す仕事をしていました。眉毛も白く、背中も曲がっています。笠もかぶらず、杖をついて、灼熱の中、汗が滝のように流れています。年を聞くと、六十八歳になるといいます。

「そんな年になって、なぜそのような仕事をするのですか。どうして手伝いの者にやらせないのですか?」と聞きます。

「他はこれ我にあらず」(他人はわたしではない)と、僧は答えました。

道元は、そのことばにはっとしてききます。

「それにしても、どうしてこんな炎天下に、仕事をされるのですか。もう少し日が陰ってからにしたほうがよろしいのに」

すると、老僧は即座に答えます。

「更にいずれの時をか待たん」(いまをはずして、いったいいずれのときを待つのか)

道元は、口をつぐむよりほかありませんでした。


「あとであとで」という心でいたら、いったい「いつそのときが来るのだ」というのです。

わたしたちは、ともすれば、ものごとを後回しにしてしまいます。大切なのは、「いま」です。「いまのこの瞬間」なくして、そのときはないのです。

しかし、わたしたちは、先のことを心配し、過ぎ去ったことをくよくよして、いまの瞬間を大切にしません。

お釈迦さまのことばに、「一夜賢者《いちやけんじや》の偈《げ》」と呼ばれている教えがあります。

過去を追うな。
未来を願うな。
過去はすでに捨てられた。
そして、未来はまだやって来ない。
だから現在のことがらを、
それがあるところにおいて観察し、
揺らぐことなく動ずることなく、
よく見きわめて実践せよ。
（『中部経典』一三一経）

過去を悔やんでみたところで、過去を変えることはできません。ならば、過去は捨てましょう。

未来は、あれやこれやと考えてみても、どうにもなるものでもありません。所詮は、なるようにしかなりません。
わたしたちは、いまなすべきことを、しっかりとやればいい。
苦しいときは、しっかりと苦しめばいい。
悲しいときは、しっかりと悲しめばいい。
うれしいときは、しっかりと喜べばいい。
――それが、お釈迦さまの教えです。

他人はわたしではない

わたしたちは、目前の仕事であっても、それを雑用といって粗末にしたり、誰かにやらせようとします。しかし、その雑用こそ、いまのわたしのかけがえのない仕事なのです。それを雑用と名づけようとなんであろうと、いまのわたしの仕事なのです。

「あいつがさぼったから、わたしに回ってきた」とか「こういう雑用は、下の者にやらせればいい」と思うかもしれない。でも、わたしに回ってきたのなら、それは「いまのわたしの仕事」なのです。

ある薬のメーカーに入社した青年の話です。

彼は吃音《きつおん》のため、人前で話すことがとても苦手でした。とても営業には向かないだろうということで、事務の仕事にまわされました。ところがどうしたわけか、人事異動で営業に配属になりました。薬局や病院を訪問して、注文をもらってくる仕事です。

――自分は吃音だから、とても営業なんかできない。そんなつらい仕事をやらされるなら、いっそ会社をやめよう。

そう彼は思いこんで、上司に相談しました。

その上司は、彼にこう言いました。

「いいかい。喋る、聞く、喋る、聞く――それが会話だよ。相手が喋っているときは、聞いていればいい。おまえは、喋るほうはダメでも、聞くほうはできるじゃないか。だったら半分はできるぞ。

いまの人たちは、自分のことばかり話して人の話を聞いてないんだ。聞いている間も、次に何を話そうかと考えていて、ろくに相手の話は聞いてない。おまえは、喋るほうは苦手でも、聞くほうはできるのだから、聞くほうに力を入れればよい。いっぺん、やってみろ。ダメだったらやめればいいじゃないか」

そう諭されて、「そうか、わたしにもできるかもしれない。ひとつやってみよう」と思いました。

そして彼は、聞き役に徹して仕事をしていったのです。

やがて、得意先から「あの人は、人の話をよく聞いてくれる。会話のうまい人だ」と言われるようになって、営業成績も上がっていったというのです。

何かをするにあたって、わたしたちは「こういうタイプでなければいけない」とか「わたしには向いてない」と思って、後ろに引いてしまうことがあります。

しかし、それまでのタイプのようなものは、まったくアテにならないのです。「自分なりのやり方で自分らしい仕事」をすればいいのです。やってみれば、案外うまくいくものです。上司から命令されたとき、「ほかでもない、このわたしにできるから頼んでいるんだ」と思って、自分らしいやり方でやればいいのです。

わたしも、いろいろな原稿依頼を受けますが、ときには専門分野以外のこともあります。かつて、たまたま『仏教とキリスト教』という本を書いたら、よく売れたので、出版社から、『仏教と神道』という本の執筆を依頼されました。神道はわたしは専門ではないので、どうしようかと思いました。しかし、出版社はわたしにできると思って頼んでいるのだから、苦手だからといって断る必要はない。わたしらしいやり方でやればいいと思いました。

そのテーマについてしっかり勉強をして、「いつかそのうち書こう」という気持ちでいたら、結局いつになっても書くことはできません。頼まれたときが、そのときなのですね。

一生参学の大事が終わる

老典座との出会いによって、道元は、それまでは雑用だと軽くみていた些細な仕事が、修行とまったく別のものではない、いや修行そのものであるということに気がつくのです。そして「威儀即仏法《いいぎそくぶっぽう》」(日常の立ち居振る舞いのすべてが仏法である)というあり方を身につけていったのです。

道元は、『典座教訓《てんぞきょうくん》』という著作の中で、「わたしが、多少なりとも文字を知り弁道を理解することができたのは、かの典座のおかげである」と述懐しています。

そしてまた、こんな体験もありました。

あるとき道元は、古人の語録を見ていました。そこへある僧がやってきて、道元と問答をします。

「本を読んで、なんの役に立てようとするのですか?」

僧が問い、道元が答えます。

「昔の禅僧の行動を知ろうと思いまして……」

ところが、僧はなおも厳しく問いつめてきます。

「昔の禅僧の行動を知って、それでどうなるというのです?」

「日本に帰って、人々を教化するためです」

しかし、僧はなおも問いつめてきます。

「いったい、それがなんになるのですか?」

「衆生を救うためです」

道元は、そう答えます。すると、僧はなおも問います。

「つまるところ、それがなんの役に立つのですか?」

その問いに対して、もはや道元は答えられませんでした。

それからというもの、道元は語録を読むことはやめて、本当の仏法とはなんであるかを明らかにしようと、ひたすら坐禅に打ち込むようになりました。


このようにして道元は、ほぼ一年の間、天童山で修行します。しかし、いったん天童山をおりてしまいます。そして半年もの間、中国各地を遍歴します。心から尊敬できる師を見つけようとしましたが、出会うことはできませんでした。

あるとき、天童山に如浄《にょじょう》という禅師がいることを聞き及びます。その禅師は、世俗の権力を徹底的に遠ざけ、名誉を求めず坐禅修行に徹した高潔な僧だというのです。それを聞いた道元は、「もしや真の師匠に出会えるかもしれない」という思いを抱いて、再び天童山にのぼります。

そして、生涯の師となる如浄とはじめての対面を果たすことになります。道元は二十六歳のときでした。

道元は、そのときの体験を、次のように書いています。

道元、大宋宝慶元年乙酉《いつゆう》五月一日、はじめて先師天童古仏を礼拝面授す。

（「面授《めんじゅ》」）

如浄の修行は、すさまじいものがありました。夜は十一時頃まで坐禅し、朝は午前二、三時頃におきて坐禅しました。一夜もゆるがせにすることはありませんでした。弟子たちも、如浄とともに坐禅をしますが、眠りに陥る者があれば、如浄は拳《こぶし》や履《り》（上履き）で打ちすえました。

また如浄は、皇帝から紫の衣を贈られてもきっぱりと辞退し、いつも最下級の僧侶が身につける黒衣を着ていたといいます。道元は、この如浄を生涯の師と定めて修行に打ち込んでいきます。

その道元に、やがて大悟《だいご》のときが訪れます。

ある日、早朝の坐禅をしていたときのことです。坐禅の最中に、弟子の一人がこっくりこっくりと居眠りをしました。そのときに、如浄が激しい一喝をくらわします。

「参禅はすべからく身心脱落《しんじんだつらく》なるべし。眠りこけるとは何ごとか！」

道元は、この居眠りをしていた僧の傍らで坐禅三昧にありました。

如浄の大喝が道場に響きわたった瞬間、道元は、すべてのとらわれから放たれて、自由自在の境地になりました。

道元は、この瞬間のことを、「一生参学の大事が、ここに終わった」（「弁道話《べんどうわ》」）と言っています。迷い求めていた参学の時代が終わったのです。お釈迦さまから、代々伝わってきた正法を、まさにこの瞬間に体得したということでしょう。

道元は、ただちに如浄の方丈（部屋）に入ります。そして師に向かって焼香礼拝しました。

「なんのための焼香か？」と如浄が問います。

「身心脱落したので来ました」

道元はきっぱりと答えました。「身心脱落」とは、わが身もわが心も、すべてのとらわれから離れることを言います。それに対して、師の如浄も、

「身心脱落、脱落身心」

と、その道元の悟りを肯定しました。

だが、道元は言いました。

「これは、ほんのいっときの体験です。みだりに悟りを得たと承認しないでください」

「わしは、みだりに悟りを得たと承認するのではない」

「では、そのみだりに承認しないところは、なんなのですか？」

「脱落、脱落」

如浄は、再度「脱落」なることばを繰り返しました。それでもって、道元が大悟徹底したことを証明したのです。

このとき、道元は二十六歳。師は、六十三歳でした。

道元は身心脱落を体験しましたが、比叡山での修行時代からの疑問——人間は本来、仏であるならば、どうして修行しなければならないのだろうか——を解くまでには、いたらなかったと思います。その答えは、帰国後に『正法眼蔵《しょうぼうげんぞう》』を書き著す頃になって、ようやく自身の中から導き出されていきます。このことは、後述します。

ともあれ「身心脱落」した道元は、翌々年、宋での四年間の修行を終えて帰国することになりました。帰国に当たって、如浄は、道元にことばを与えます。

「国王や大臣に近づかないように。できれば深山幽谷に住んで、たとえ一人でも半人でも真の弟子を育てることだ」

道元は、そのことばを、生涯の指針として大切にします。

空手還郷《くうしゅげんきょう》

それまで中国に渡って修行してくることに関しては、中国でいかにたくさんの話を聞き、いかにたくさんのお経を日本に持ち帰るかが価値あるものとされてきました。最澄にしても空海にしても、膨大な経典や曼荼羅《まんだら》や法具などを、日本に持ち帰っています。

しかし、道元は、そのような経典や仏像などを持ち帰ることなく、まったくの空手で日本に帰ってきました。

ただこれ等閑《なおざり》に先師天童に見《まみ》ゆるのみなり。然れども天童に謾《あざむ》かれず。天童、還《かえ》って山僧に謾かる。近来、空手にして郷に還る。

（『道元和尚広録《どうげんおしょうこうろく》』第一）

「ただただ不思議な縁で、如浄禅師に出会い、目は横に、鼻はまっすぐ縦にあることを悟りました。もはや人がなんと言おうと、ことばにだまされることがなくなった。そこで何も持たずに手ぶらで故郷に還って来た」

そのように、道元は述べています。道元が宋にあって学んだものは、彼のことばによると、

――眼横鼻直《がんのうびちょく》――

というのです。「眼横鼻直」とは、眼は二つ横にならんでいて、鼻は一つ縦に真っ直ぐについているということです。これは、すなわち、

――ものごとを、あるがままに見る――

ということです。そして、これこそが仏教の真髄なのです。この真髄を体得したのですから、もはや経典や仏像などは持ち帰る必要はないわけです。

室町時代の禅僧の一休さんに、こんな逸話があります。

ある村に、曲がりくねった松がありました。みごとな曲がりくねりようです。

一休さんが村人に言いました。

「誰か、この松を真っ直ぐに見た者に、ご褒美をあげよう」

それで、村人たちはあちこちから松を見ました。どこからどう見たら真っ直ぐに見えるのか、彼らはさんざんと苦労しました。

でも、どう見ても真っ直ぐに見えません。

そのうち一人が、つぶやきました。

「いやあ、この松、どう見ても曲がりくねっているなあ」

「それだ。おまえさんがいま、この松を真っ直ぐに見たのだ。おまえに褒美をやろう」

一休さんが、そう言いました。おそらく、この話はつくり話でしょう。数多い「一休噺《ばなし》」の一つだと思います。

それにしても、なかなかよくできた話です。

曲がりくねった松は、曲がりくねったままで真っ直ぐです。曲がりくねったものを、曲がりくねっていないと見ることは、ひねくれた見方であって、決して真っ直ぐに見たことにはなりません。

それは「真っ直ぐ」を「あるがまま」と置きかえてみると、はっきりします。一休さんは村人に、あるがままを見ることを教えようとしたのです。ものごとをあるがままに見るのが、禅の教えであり仏教の教えです。

では、どうすれば、わたしたちはものごとを真っ直ぐに（あるがままに）見ることができるのでしょうか。

それには、曲がったものはいけない——といった先入観を捨てることです。真っ直ぐな松は真っ直ぐのままですばらしい、曲がった松は曲がったままですばらしいと肯定できたときはじめて、ものはあるがままに見えるのです。

それまで、日本には膨大な経典が中国からもたらされました。文字に書かれた「正法」というものは、伝わっていたのです。しかし、いくら文字に書かれた正法が存在していても、肝心の「正法」を読みとる智慧というものは、伝わっていませんでした。その智慧こそが、

――正法眼蔵――

なのです。「仏祖単伝の正法をわたしは学んできた。正法眼蔵を持ち帰ってきた」というのが、道元の自負でありました。

第二章

「いま・ここ・われ」を楽しむ

最澄と空海

ここで、道元にいたるまでの、日本仏教の流れをみてみましょう。

はじめて仏教が日本に伝わったのは、六世紀でした。飛鳥・白鳳《はくほう》時代から奈良時代にかけて、東大寺をはじめとして壮大な伽藍《がらん》が建立され、数多くの仏像が造像されました。また、多数の経典が中国からもたらされて、盛んに研究されました。

南都六宗《なんとろくしゅう》といって、国家仏教を代表する六つの公認の学派が生まれました。三論宗、成実宗《じょうじつ》、法相宗《ほっそう》、倶舎宗《くしゃ》、華厳宗、律宗です。なお成実宗は三論宗に、倶舎宗は法相宗に付属していました。

奈良時代の仏教の特徴は、

——輸入仏教——

でした。仏教ならばみな価値があるといって、中国の仏教をそのまま受け入れていたのです。

しかし、平安時代になってようやく、日本人の目によって主体的に仏教を取り入れようとする動きが出てきました。そのとき、二人のスーパースターがあらわれます。それが、

——最澄と空海——

です。最澄は、「仏教には小乗と大乗があり、日本にふさわしいのは大乗仏教である。大乗仏教の中でも最高峰は天台教学である」と考えました。そして、中国に渡って天台教学を学んで、比叡山に天台宗を開きました。そして、あらゆる大乗仏教の学問ができる仏教の総合大学をつくろうとしました。

空海は、「仏教には顕教と密教があり、密教が優れていて顕教は劣っている」と、考えました。そして中国から密教という新しい仏教を持ちかえって、高野山に真言宗を開きました。

「顕教」とは、宇宙の仏が衆生を教化するために、お釈迦さまとして人間の姿をあらわして説いた教えのことです。「密教」とは、真理そのものである仏（大日如来）が、人間の姿をあらわさずに直接に説いた教えをいいます。

最澄は、空海に、「わたしは大乗部門の学部長になる。あなたは密教の専門家である。

「二人で比叡山を運営しましょう」と持ちかけました。

しかし、二人の仏教の考えには、異なるものがありました。

最澄は「仏教の中に大乗と小乗があって、大乗の中に顕教と密教がある」と考えていました。空海の最高だというところの密教は、大乗の枠の中のひとつと考えたのです。

いっぽうの空海は「仏教には、顕教と密教があって、顕教の中に大乗と小乗がある」とし、最澄が最高峰だという天台教学は、顕教の中に含まれる大乗であり、密教はその顕教よりもはるかに優れていると、考えていました。

そのため二人は、ついには相容れることはありませんでした。また、性格的な違いもありました。

最澄は、川の下に立って川上を眺め、この川を遡ることを考えました。川を遡ろうとするから、いささか困難です。しかし、最澄はその困難を克服しようとする不屈の意志を持っていました。それに対して空海は、川上から川下を眺める人間です。川上から水の流れにまかせて川を下るのだから、わりと楽です。空海の仏教は、そのような仏教でした。

別の表現をすると、最澄は本質的にまじめ人間であって、自己のうちにあるマイナス要

最澄と空海がとらえる仏教の違い

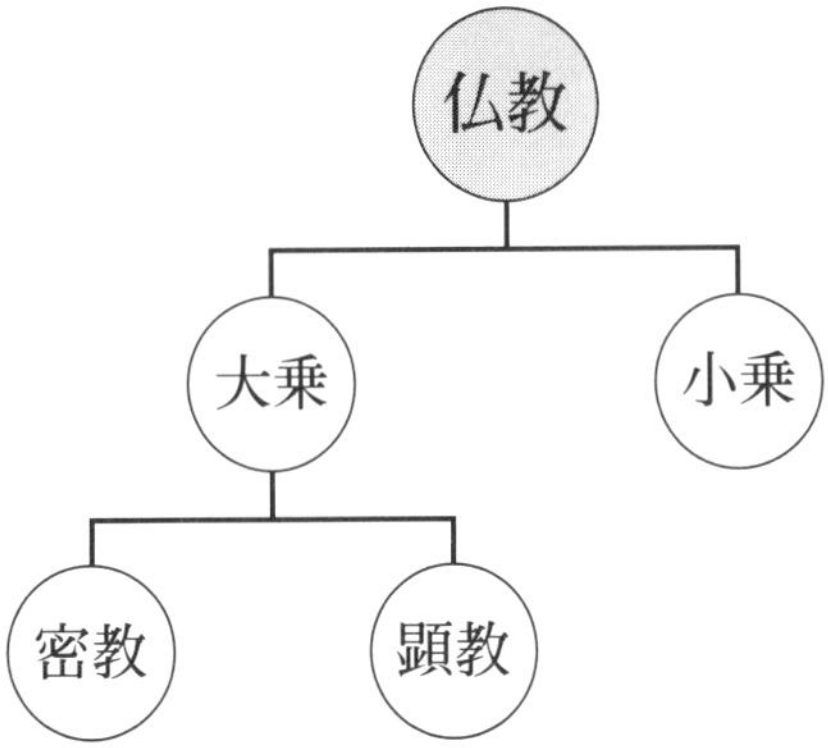

最澄のとらえ方

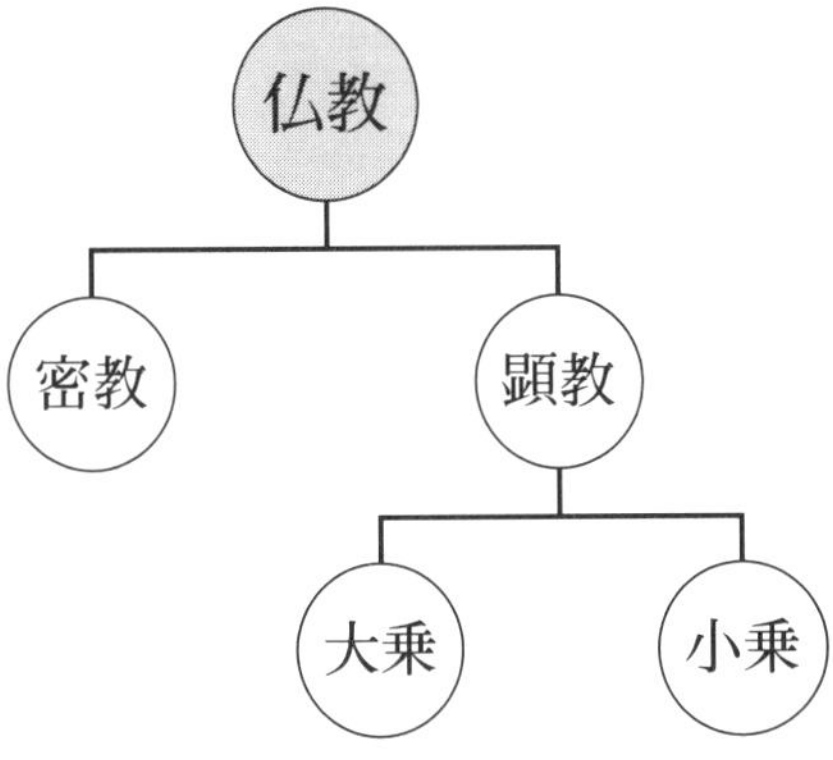

空海のとらえ方

因を克服しようとします。最澄は、それが仏教の修行だと考えました。空海はそれに対して、人間のうちにあるプラスの要素を引き伸ばし、発展させようとしました。その意味で、空海は楽天家でした。

最澄の仏教は、凡夫が努力に努力を重ねて、修行によって仏になろうとするものでした。空海の仏教は、われわれ人間は、はじめから仏であるのだから、赤ん坊の仏が大人の仏に成長すればいいと考える仏教でした。

ともあれ、二人はいい意味でのライバルであり、この二人のおかげで日本仏教は大きく発展できたのです。

ユーザーの論理

さて、平安時代の祖師は、もう一人います。それは、法然です。

わたしは、法然は平安時代の人と位置づけています。法然は、一一三三年に生まれて一二一二年に亡くなっています。法然の立教開宗は四三歳で一一七六年、鎌倉幕府ができたのは一一九二年で、法然が六〇歳の頃です。ですから、法然は平安時代の人といってもよいと思います。

平安仏教の特徴は、

――主体的にクラシフィケーション（分類）を行なった――

ということができましょう。法然も、仏教を「聖道門《しょうどうもん》と浄土門」という形で分けたのです。そして、実践というところから「難行と易行《いぎょう》」に分けました。「聖道門」とは、自力によって悟りを得ようとする教えのことで、人々には難解でなかなか実践できない「難行」だというのです。

いっぽう「浄土門」とは、阿弥陀如来の本願によって救われる「他力の教え」のことで、人々に実践できる「易行」であると主張しました。一文不知《いちもんふち》（まったく文字がわからない）の者であっても、ただ「南無阿弥陀仏」と称《とな》えることによって救われるのだと説きました。

空海と最澄は、「どちらが優れているか」という視点によって仏教を選択しています。

それに対して法然は、「どちらが実践しやすいか」という選択をしたのです。優れているのは聖道門だということは、法然にはよくわかっていました。しかし、実践しやすいかどうかといえば、聖道門は難行である。どんな人でも実践できるのは「浄土門」の「易行」であると主張したのです。

わたしは、この法然の選択は、

――「メーカーの論理」から「ユーザーの論理」――

に転換したものだと思います。最澄と空海は、「メーカーの論理」から仏教を展開しています。使う側の人たちのことよりも、「性能やデザインはこちらが優れているから、こちらにしなさい」というあり方です。

ところが、「ユーザーの論理」とは、「いくら優れていても、高すぎて買えない。むずかしくて運転できない。自分たちに合ったものがほしいのだ」というあり方です。法然は、そういう選択をしたのです。

このようにして、平安時代においては、最澄・空海・法然らによって、仏教が主体的に「選択」されたのでした。

鎌倉時代になって、日本仏教において重要な三人の祖師が出てきます。それは親鸞、日蓮、そして道元です。

彼らは、最澄・空海・法然が選択したものを、さらに深めていきました。

まず親鸞は、法然の選択を深めました。

「念仏という易しい行だけでいい」という選択をしたのが法然でしたが、親鸞はさらに、法然の教えを徹底します。法然が「念仏為本《ねんぶついほん》」といったところを、親鸞は「信心為本《しんじんいほん》」といいました。

易行といっても念仏を称えられない人もいる。いくら念仏を称えるだけの易行といっても、なかには実践できない人もいる。ほんとうに易行であるためには、信心一本でよいのだと親鸞はいいます。

「ただひたすら、阿弥陀仏を信ずれば救われる」というのです。ただ信だけでよいのです。そこには、行すらもありません。「わたしたちは阿弥陀如来のはたらきによって、信じさせてもらえる」という徹底した「他力」を説きました。

そして日蓮は、最澄の選択を深めました。

最澄は、仏教では小乗よりも大乗が優れており、その中で『法華経』が優れているという選択をしました。日蓮はさらに徹底して、『法華経』は八万聖教の肝心・一切諸仏の眼目であり、一切の法が納まっているのだから、『法華経』だけでよい。さらに、「南無妙法蓮華経」というお題目を唱えれば、そこにすべての行が入っているのだと主張しました。

さて道元は、誰の選択を深めたのでしょうか。

意外に思われるでしょうが、道元は、空海の選択を深めたのです。

仏が仏になる

空海は、仏教には顕教と密教があり、密教が優れていると主張しました。密教の基本は何かといえば、

——初発心時便成正覚《しょほっしんじべんじょうしょうがく》——

ということです。これは、『華厳経』に説かれている考えですが、「初めて発心したとき

仏をめざす2つのあり方

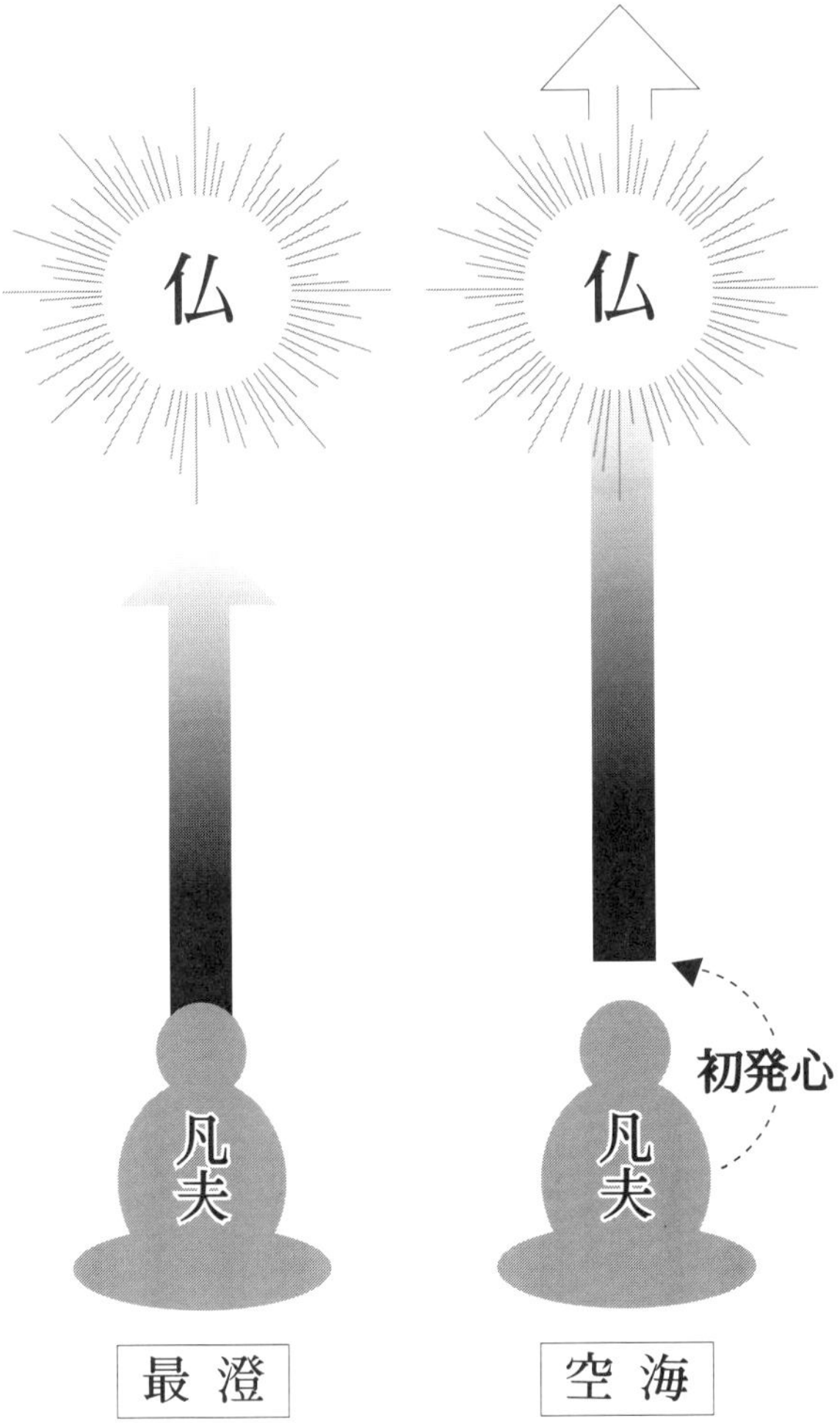

に、すなわち悟りを得ている」というものです。

大乗仏教の基本的な考え方は、

——凡夫が仏に向かって限りなく歩んでいく——

というものです。最澄の考え方は、これです。しかし、空海の考え方は、

——すでに仏である凡夫が、仏をめざして成長していく——

というものです。これが密教のとらえ方です。

ここは大きな違いです。最澄のあり方は、どんなに修行しても、それは凡夫が修行をしているのです。空海のそれは、はじめて歩みだそうというその瞬間に、すでに仏になっているというわけです。仏になっている凡夫が、仏をめざしているのです。

道元も、まさに同じようなことを述べています。

いまも証上の修《しゅ》なるゆえに、初心の弁道すなはち本証の全体なり。（「弁道話《べんどうわ》」）

「証上の修」すなわち本来悟っている上の修行だから、はじめて坐禅することが、そのまま悟りの全体であるというのです。

あるいは、このようにも言います。


初心の坐禅は最初の坐禅なり、最初の坐禅は最初の坐仏なり。（「坐禅箴《ざぜんしん》」）


初心者がはじめて坐禅をするとき、その最初の坐禅が、最初の「坐仏《ざぶつ》」というのです。坐禅をした瞬間に、すでに「坐った仏」なのです。

わたしたちは、修行の先に悟りがあると思っています。仏という目的をめざして修行するというあり方は、いつでも「まだ足りない」「これではダメだ」と自己否定的になります。

道元のあり方は、それとはちがいます。道元にあっては、

――修証一如《しゅしょういちにょ》――

なのです。修行を積み上げていった先に悟り（証）があるのではなく、「修行がそのま

ま悟り」なのです。

仏になるために坐るのではなくて、仏だから坐ることができる。修行するから悟るのではなくて、悟っているから修行ができるというわけです。

道元は比叡山での修行以来、「人間が本来、仏であるならば、どうして修行をしなければならないのか」という疑問を抱き続けてきましたが、この「修証一如」こそが、その答えでした。

「修行と悟りは一つのものである。悟っているからこそ修行をする」

これが道元がとらえた仏道でした。

ここで大切なことは、ただ安易に坐っていれば、それがそのまま仏というのではありません。その心得を、道元は説いています。

ただ、わが身《み》をも心《こころ》をもはなちわすれて、仏のいへになげいれて、仏のかたよりおこなはれて、これにしたがひもてゆくとき、ちからをもいれず、こころをもつひやさずして、生死をはなれ、仏となる。（「生死《しょうじ》」）

「わが身も心も、仏の家に投げ入れてしまえ」というのです。

「投げ入れる」とは、ことばをかえれば、

――おまかせする――

といってもよいでしょう。仏におまかせすれば、仏のほうからわたしたちを育ててくれるのです。だから、それにしたがっていけばよいのです。

仏の家に投げ入れた瞬間に、すでに仏です。しかし、それはまだ赤ん坊の仏です。それが、だんだんと大人の仏に成長していくわけです。

植物が生育するには、種子がなくてはいけません。その種子が「菩提心《ぼだいしん》」です。そして、太陽の恵みをいただいて植物が生育するように、わたしたちも、仏の力をいただくことによって、仏に育っていくのです。

密教では、ここのところを、

――加持《かじ》――

といっています。「加」とは、仏の力がわたしたち凡夫に加えられることをいいます。「持」とは、衆生が仏の力をしっかりと受け止めることをいいます。それが、仏が仏になっていく過程なのです。

ただ、発心した瞬間に仏であるといっても、それは赤ん坊の仏です。赤ん坊の仏だから、いろいろ失敗しながら、むしろ失敗を楽しみながら学んでいけばいいのです。

たとえば、日本人の赤ん坊は、〝おぎゃーおぎゃー〟と泣いています。それはまだ意味のあることばではありませんが、すでに日本語で泣いているわけです。そして、次第にことばをおぼえて、きちんとした日本語を話すようになります。

わたしたちがフランス語を学ぶとします。日本にいて日本語を使いながら、フランス語を学ぶというのが、凡夫が仏をめざすというあり方です。

いっぽう、凡夫である仏が、仏をめざすというのは、いきなりフランスに行って、わからないながら、失敗しながらも、フランス語をマスターしてしまうようなものです。語学の達人は、そういうやり方で外国語を学んでいきますね。

「南岳磨塼《なんがくません》」という公案があります(「坐禅箴」)。

中国唐代に南岳懐譲《なんがくえじょう》という禅者がいました。菩提達磨《ぼだいだるま》を初祖とする中国禅宗の六祖、大《だい》鑑慧能《かんえのう》の法を嗣いだ方で、馬祖道一《ばそどういつ》という禅師の師匠です。

あるとき馬祖が戸外で坐禅をしていました。そこへ、師の南岳がやってきました。

「おまえ、何をやっているのだ?」

「はい、坐禅をしています」

「なぜ坐禅をしているのだ?」

「はい、悟りを開いて仏になろうとしてやっています」

馬祖がそう答えると、南岳はにやりと笑って、馬祖の横に坐り、かたわらに落ちていた敷き瓦を拾って磨き始めました。

「お師匠さん、何をしているのですか?」

「見ればわかるだろう。瓦を磨いているのだ」

「磨いて、どうされるのですか?」

「磨いて鏡にしようと思っているのだ」

「瓦をいくら磨いても、鏡になりませんよ」

その馬祖のことばを待ち受けていたかのように、南岳は弟子にこう言って聞かせました。

「そうか、おまえはそれがわかっていて、なぜ坐禅をするのだ。なぜ坐禅をして仏になろうとするのだ」


南岳の言いたかったことは、「鏡だから磨けば鏡になるのだ。瓦はいくら磨いても鏡にならない。凡夫はいくら修行をしても仏にならんぞ。おまえは仏だからこそ、修行をして仏になるのだ」ということです。

つまり、「仏である自分が修行していると思って修行せよ」――それが南岳の教えです。

凡夫という仏が、仏をめざしているわけです。凡夫が坐禅という行を手段にして、仏という目的を達成しようというのではなく、

――坐禅しているその姿が、すでに仏そのものなのだ――

ということです。まさに、それが道元の考えなのです。

まさに、「最初の坐禅は最初の坐仏」ということです。

蜘蛛《くも》の糸をのぼる

芥川龍之介に『蜘蛛の糸』という有名な小説があります。

お釈迦さまはある日、極楽の蓮の池の縁《ふち》を歩きながら（極楽浄土ですと、そこにおわすのは阿弥陀仏ですが、芥川はお釈迦さまを登場させています）、地獄で苦しむカンダタを見つけます。

極悪人のカンダタにも、生前たった一つの善行がありました。それは一匹の蜘蛛の命を助けてやったことです。それでお釈迦さまは、極楽の蓮池から、一本の蜘蛛の糸を、カンダタのために垂らしてやります。

カンダタは、喜んでその蜘蛛の糸をたぐって、地獄から極楽に向かいます。

しかし、地獄から極楽まではあまりにも遠い。途中でカンダタは休みますが、ふと下を見ると、大勢の地獄の亡者どもが蜘蛛の糸をのぼってきます。そんなに大勢がつかまったら、蜘蛛の糸が切れてしまいます。

「こら、おまえたち！　いったい誰に許されてのぼって来るのだ。この糸はおれのものだ。降りろ、降りろ！」

そう叫んだとたんに糸がぷつんと切れて、カンダタはもとの地獄に堕ちていきました。

これが芥川の『蜘蛛の糸』です。

この話は、大乗仏教の考え方をよく示していると思います。

わたしたちは、自分一人だけが助かろうとしたとき、絶対に助からないのです。仮に自分一人が助かることができても、「それではみなにすまない……」といった気持ちがなければ、地獄から脱出できたことにはならないのです。

なぜなら、「他人のことは知らない、自分一人だけでいいのだ」というその心が、まさに地獄の人間が持っている心だからです。そのような心を持っている人は、いずこに行ったとしても、それは地獄にいるようなものなのです。

ところで、もしも鎌倉時代の三人の祖師たちが、地獄に堕ちていたら（そんなことはあるはずもないのですが）、どうしただろうかと、わたしは考えました。

親鸞であれば、この蜘蛛の糸をのぼったでしょうか。

わたしは、親鸞はきっとのぼらなかったと思います。

親鸞は、きっとこう言うでしょう。

「お釈迦さまありがとうございます。でも、とてもわたしは、この蜘蛛の糸をのぼるような力はありません。また、もしもわたしがのぼれば、きっと大勢の者が後からのぼって来ることでしょう。するとわたしは、腹を立てるにちがいないのです。だからわたしは、この地獄にいて阿弥陀さんの救いを待ちます。阿弥陀さんは、〝救ってあげるまで、おまえは地獄にいなさい〟といわれることでしょう。わたしにとっては、地獄こそ定まったすみかなのです」

親鸞が「地獄こそ定まったすみか」と決めたとき、その地獄は光まばゆい浄土になっていたと思うのです。

日蓮ならどうでしょうか。

わたしは、日蓮も、のぼることはないと思います。

なぜかといえば、日蓮は「同苦《どうく》」の人だからです。

日蓮といえば、迫害にあっても信念を貫いた強い人で、他の宗派と論争を挑み、反対者を強引に折伏《しゃくぶく》する仏教者――一般的には、そういう印象が強いでしょう。

けれども、実際には、親を思い弟子を思い、常に弱い者の立場に立って涙を流す仏教者というのが、日蓮の実像だと思います。

日蓮は、生涯において数々の法難に遭っていますが、なかでも大きな法難は「龍口《たつのくち》の法難」です。

日蓮は、激しい他宗非難の罪状で逮捕され、深夜、鎌倉・片瀬の龍口で斬首されそうになります。急の報せを受けて、信徒の四条金吾《しじょうきんご》は駆けつけます。そして、殉死の覚悟で師の日蓮のお供をします。

後になって、日蓮は、身延山の庵から、かつて殉死を誓った四条金吾に宛てて手紙（「崇峻天皇御書《すしゆんてんのうごしよ》」）を送っています。

返す返す忘れられないことは、わたしが龍口で頸を切られようとしたとき、あなたは、わたしの乗っていた馬の口に取りすがって、哭《な》き悲しんでおられた。そのことは、いかなる世になろうとも忘れません。

仮にあなたが罪深くして地獄に堕ちたとしても、釈迦仏がいかに日蓮を仏にしてくださると言われても、わたしはあなたとともに同じ地獄に行きましょう。わたしとあなたが同じ地獄に行くならば、釈迦仏も『法華経』も、地獄におられるでありましょう。

「あなたが地獄に行くのなら、わたしもともに地獄に行く。地獄でともに苦を同じくしょう」というのです。

また、日蓮が佐渡への流罪に遭ったとき、五人の弟子が鎌倉の土牢に閉じ込められます。日蓮は、次のように手紙（「五人土籠御書《ごにんつちろうごしよ》」）に書いています。

日蓮は、明日、佐渡の国へまいります。今夜の寒さを感ずるにつけ、あなたたちのことを思うと心苦しさは申すばかりもありません。

日蓮は、いつもみんなといっしょに同苦するのです。日蓮には、人の苦しみを分かち合うことなしに、自分だけ救われようという気持ちなど微塵もありません。人の苦を進んで引き受けるとき、そこは「地獄即寂光土」であり、霊山浄土となる。それが日蓮の教えです。だから日蓮は、蜘蛛の糸をのぼらないのです。

すべてを託すとき、そこに悟りがある

さて、道元は、どうでしょうか。

お釈迦さまが「のぼっておいで」と言われたら、道元は、「はい」といって、きっとのぼると思います。

それは、自分だけが救われたいという思いからではありません。道元は、自らを徹底し

て仏の立場に置こうとします。たとえ一人であっても、お釈迦さまの正法を歩み続ける弟子であろうとします。正しく修行することによって悟りが開けるという範を示すことで、のちの人々が救われると考えるからです。

そして、そのときののぼり方は、先ほどの道元のことばから想像することができます。

ただ、わが身をも心をもはなちわすれて、仏のいへになげいれて、仏のかたよりおこなはれて、これにしたがひもてゆくとき、ちからをもいれず、こころをもつひやさずして、生死をはなれ、仏となる。

（「生死」）

「ただ自分の身も心も放ち忘れて、仏の家へ投げ入れて、仏の方から行われてこれに随ってゆくとき、力も入れず、心も費やさないで、生死を離れて仏になる」

わが身もわが心も放ち忘れてのぼるのです。蜘蛛の糸（すなわち仏の家）に、すべてを託しきるのです。そして、しっかりとしがみついていれば、仏のほうから、働きかけがあるのです。その仏のはたらきに、おまかせするのです。あとどれくらいあるか、すでにどれくらいのぼって来たか、糸は切れないだろうか、そういうはからいなど、一切ありません。

ただ、「いま」しかないのです。過去も見ない、先のことも考えない。大切なのは、いまの一つかみ、一つかみです。

浄土に到達したときにはじめて、救いが訪れるのではありません。蜘蛛の糸そのものにすべて託すとき、その瞬間に、そこが浄土であり救いなのです。それが「身心脱落《しんじんだつらく》」ということです。

このことを「努力」と「幸せ」に置きかえてみてみましょう。

幸せをはるか彼方に求めて、いまを我慢して努力するのは、なかなかつらいことです。それでは、いくら努力しても、幸せは得られないでしょう。なぜなら、いつもこの「いまの瞬間」を犠牲にしているからです。

日本人は、一所懸命に励むのが好きですから「どうして努力するの？　どうしてがんばるの？」ときけば、「努力するのは当たり前だ。それが正しいことだ」と答えるでしょう。

しかし、そもそも努力するのは、幸せになるためです。ところが、いつしか努力することそれ自体が目的になってしまいます。

努力していれば幸せになる、努力の先に幸福があると信じてがんばるわけです。そうなると、努力している間は、ちっとも幸せではないのです。いつか幸せになると努力しても、その「いつか」がやって来ないのです。なぜなら、いつも「いま」を大切にしていないからです。「いま」を楽しんでいないからです。

さらにいうと、努力していること自体が不幸なのです。わたしたちは、幸せになるために、一所懸命に不幸になっているのかもしれませんよ。

努力をすれば幸せになるのではなく、

——幸せだから努力できる——

のです。希望を持つのは、いまが不幸だと思っているからです。いまがよくないから希望を持つわけです。

幸せになれば、おのずから、自分の範囲内でゆったりと努力します。いまが満ち足りないから、幸せをめざして努力するというのは、自己を否定しているのです。満ち足りていても、満ち足りていなくても、どん底にあっても、幸せだなあと思っていれば、自然に努力します。ありがたいなあと思えば、努力するものです。

子どもの教育にしても、お母さんが「どうして勉強しないの！　もっとがんばりなさい。一所懸命に努力しなさい」とハッパをかけます。しかし、お母さんが努力を求めれば求めるほど、子どもは勉強がいやになってしまいます。

しかし、お母さんが、

「できないならできないでいいんだよ。そんなに努力しないでいいから、ゆったりしなさい」

という気持ちであれば、子どもは安心します。そして好きなものに熱中して、得意な分野を伸ばしていきます。学校に行くのはいやだと不登校であっても実力がついて、大学入学資格検定に通ったりして、かえってうまくいったりするものです。

道中を楽しむ

さらに、旅の「目的」と「道中」に置きかえてみましょう。

いまは、旅行が目的地主義になっています。だから旅がつまらなくなっているのです。昔の旅は、のどかなものでした。江戸時代の有名な読本《よみほん》に十返舎一九《じっぺんしゃいっく》の書いた『東海道中膝栗毛』があります。弥次さん・喜多さんは、江戸からお伊勢参りに行くのですが、道中でのさまざまな出来事を楽しんでいます。

現代は、新幹線や飛行機の時代で、道中そのものがスピードアップされると、目的地に着いてから楽しめばいいという旅になってしまいました。飛行機に乗ったら雲しか見えません。しかも、窓側に座れば見えますが、真ん中に座れば見えない。そうなると、道中は短ければ短いほどいいようになってしまいました。

最近の小学生たちは、遠足のとき、車窓からの景色を見ないで、バスの中でゲームやカラオケ大会をやっているそうです。道中の苦痛を和らげるための工夫だといいます。おかしな世の中になったものです。

わたしたちは、もっとゆったりすればいい、道中を楽しめばいいと思います。ゆったりと旅をしながら生きていくのが人生の豊かさじゃないかと思います。


山頂に立つことだけを目的にして山のぼりをしたら、必ず息切れがします。それで山頂に立ったとしても、ちっとも楽しくありません。わたしたちはゆったりと周りの景色を楽しみながら、山をのぼったほうがいいのです。

頂上にこだわらなければ、登山そのものを楽しめると思います。三合目までのぼれば、だいぶ景色も変化します。三合目には三合目の、五合目には五合目の、九合目には九合目の景観があり、それを楽しめばいいのです。たとえ頂上に到達できなくても、七合目までの景色を楽しんだのです。それが、本来の登山の楽しみだと思います。

五人の仲間で、山のぼりに行ったとします。ハイキング程度の登山ですが、メンバーの一人が体調を崩して、八合目あたりに来たときに「自分はここでやめて、もう下りたい」と言います。

そんなとき、残る四人は、きっと「もう頂上はそこじゃないか。がんばれ」と言うことでしょう。

しかし、体調を崩している人間にとって「がんばれ！」と言われることは、とてもつらいのです。その人のことを思うのであれば、「そうか、じゃあみんなで下りよう」と言うべきでしょう。そんなに無理してのぼったって、たかが山じゃないですか。登頂はあきらめて、山を下りてみんなで楽しく一日過ごす。そういう生き方が大切です。

修行も旅のようなものです。大切なのは道中です。目的に早く達しようとして、死にものぐるいで修行などすれば、それは本質を見失います。だから修行そのものを楽しめばいいのです。修行を楽しむには、目的主義を捨てることです。プロセスを大切にすることが、修行を楽しむことになるのです。

戦国時代に塚原卜伝《つかはらぼくでん》という剣豪がいました。その剣豪のところに、ある男が、「剣術を習いたいので入門を許してください」と訪ねてきました。

「わたしは一所懸命に修行します。どれくらいで免許皆伝になりますか」と男が尋ねました。

卜伝は、「そうだな、一所懸命やれば、五年で免許皆伝になる」と言います。

「では、わたしは寝食を忘れて修行に打ち込みます。そうすると何年で免許皆伝になりますか」と尋ねました。

「寝食を忘れてやれば、十年で免許皆伝になる」と卜伝は言います。

本人はびっくりして、「それじゃあ、わたしは死に物狂いでやります。何年で免許皆伝になりますか」と尋ねました。

すると、卜伝は「死に物狂いでやれば、一生、免許皆伝にならんぞ」と言いました。

しかし、この弟子入り志願の男には、卜伝の言わんとするところは理解できなかったことでしょう。


血眼になって歯を食いしばるような修行は、ほんとうの修行ではありません。

仏教では「精進《しょうじん》」ということを教えています。精進とは、かんたんにいえば努力です。

しかしながら、仏教でいう精進は、たんなる努力ではありません。ただがんばればいい、というものではありません。

それは、むしろ、「がんばるな」ということです。「ゆったりとした努力」でなければ本物ではありません。そして、「成果にこだわらない努力」でなければなりません。他人と競争して、他人に勝つための努力は精進ではありません。

――努力するのが楽しいから努力する――

そういう努力が精進なのです。

いまを楽しめばいい

旅というものは、ゆっくりでいい。それぞれの人の「いい加減」があるから、一日に八キロ歩く人もいれば十二キロの人もいていい。でもまかりまちがっても、一日に人の二倍も三倍も行くなというのです。

ではどんなペースがいいかといえば、おじいちゃんと連れ合いになれば、おじいちゃんとペースを合わせていくのがいいのです。山のぼりでしたら、いちばん足の弱い人のペースに合わせるのがいいのです。茶店に寄っておばあちゃんと世間話をする、温泉に入ってゆったりする。旅館でおいしいご馳走を食べる、そしてぐっすり眠って、また翌日、旅をする。それが旅の楽しみです。

ついつい、わたしたちは目的地主義になって、「早く目的地に行って着いてから楽しもう、うまいものを食べよう」と考えます。

ところが、人生の旅はどこで終わりになるのかわからないのです。ひょっとしたら、箱根を越したあたりで終わりになるかもしれません。でも、そんなことになっても、「昨日まで楽しい旅をさせてもらいました。思い残すことはありません。ありがとうございました」と言える旅をすべきなのです。

人生もまた旅です。わたしたちは、若い時代を人生の準備期のように思っています。若いうちは、猛烈に苦労して、年をとってから人生を楽しもう、お金を貯めて時間ができたら、人生を楽しもうというようなところがあります。

しかし、定年退職して、湘南海岸でサーフィンでもやろうものなら、ぎっくり腰になってしまいます。二十代のときには、二十代の楽しみを味わってこそ、ほんとうの楽しみがあるのです。そして、二十代を楽しめばこそ、三十代の楽しみがあるのです。いまの年代の楽しみを我慢して、六十代になって楽しもうとしても、そうはいかないのです。

わたしたちの、一日一日、毎日毎日が楽しくなければならないのです。あとで楽しもうといっても、そのときが来ても思い通りにはならないのです。

小学生が母親にききます。

「お母ちゃん、ぼく、塾に行くのはいややのに、なんで塾に行かんならんのや?」

「そら、ええ中学校に行くためやろ」

「なんで、ええ中学校に行かんならんのや?」

「ええ中学校行ったら、ええ高校に行けるやないか」

「なんで、ええ高校に行かんならんのや?」

「そら、ええ大学行くためやんか」

「なら、なんでいい大学に行かんならんのや?」

「あんたしつこいな。ええ大学に行ったら、ええ会社に入って、それで幸せになれるやんか。そやから、いま一所懸命に勉強せなあかんで。塾に行かなあかんで」

するとと、子どもは、つぶやきます。

「そやけどな、お母ちゃん。ぼくなあ、いま塾なんか行かんほうが、幸せなんやけどなあ……」

子どもがほしいのは、いまの幸せであり毎日の幸せなのですね。将来の幸せではありません。

でも親が与えようとしているのは、子どもの将来の利益なのです。「将来の利益のために、いまを犠牲にしなさい」と言っているわけです。

しかし、はたして思うようにいくものでしょうか。

いい学校に行っても、みんなの成績がよくて自信を喪失して、不登校になるかもしれません。いい会社に入っても、その会社が倒産するかもしれません。そりのあわない上司にいじめられたり、リストラされるかもしれません。

そんなことはあってほしくないけれども、もしかしたら、子どもが高校のときに亡くなるかもしれません。そうしたら、その子は将来のためだけに生きて、いまの幸せを感じることができないで死んでいくことになります。そんな子育てをしているかもしれないのです。

いい学校に行って、子どもがほんとうに幸せになれるかどうか、一流の会社に入って、それで幸せになれるかどうか――それは、わたしたちにはわからないことです。あてにならないことです。そして「おまえのためだ」なんて言っているけれども、ほんとうにその子のためになっているのでしょうか。それは、たんに親の見栄だけかもしれませんよ。

おいしく食べる

フランス人は、いつもの馴染《なじみ》の店でパンを買います。パンを買うときに、

「お子さんの風邪は治った?」

「はい、おかげさんで」

そういう会話があるのですね。いま、スーパーやコンビニで買い物をしたところで、レジの人と会話や挨拶などありません。そこには、人と人の触れ合いの楽しみがありません。

家族団らんの食事とか買い物とか、そういう日常が楽しくあるべきなのに、いまではそこに喜びがなくて、カラオケなどで楽しむようになってしまいました。

トルコを旅したときのことです。買い物をしたときに、値切りに値切って、二時間もかけたことがあります。

その間に、店のおやじはコーヒーやお茶を出して、もてなしてくれました。でも、わたしの言い値と向こうの言い値の溝が埋まらなくて、わたしは「時間がないから」といって帰ろうとしました。

「こんなに時間かけたのに、何も買わないで帰るのは悪いね」と言ったら、「とんでもない、あなたは大きなプレゼントをしてくれた。わたしは日本人と話ができたので、ハッピーなんだよ。逆にわたしはお礼を言いたい」と言われたことがあります。

インドに行ったときのことです。あるご婦人がネックレスを気に入って、その店にあった五本か六本のネックレスを、「それ全部ください」といいました。さぞや店のおやじは喜ぶだろうと思いきや、

「とんでもない。いま全部売ってしまったら、明日、売るものがなくなる」

と言うのです。明日来るお客さんが、ネックレスを買うとは限らないのです。でも、

「商品がないと、お客と話ができなくなるから」と言うのです。彼らは商売を楽しんでいるのですね。商売を通して、楽しい会話を楽しんでいるわけです。人との出会いを楽しむために、働いているのです。

いまの日本で、商売を楽しんでいる人がいるでしょうか。仕事を楽しむことができなくて、仕事が終わったあとで、赤ちょうちんやカラオケを楽しんでいる。そんなことよりも、わたしたちは仕事そのものを楽しめるようになればいいのです。

わたしたちは、いつか「おいしいものを食べること」ばかりを考えているようです。おいしいものが食べられたら、幸せだと思っているのです。そのために、お金を貯めて、忙

しく働いているわけです。しかし、大切なことは、いつか「おいしいものを食べる」ことよりも、いま「おいしく食べる」ことです。おいしく食べることは、知恵と工夫があればできることです。家族団らんで食べれば、おいしくいただけます。

第二章

わが身をも心をもはなちわすれる

拈華微笑《ねんげみしょう》の公案

道元が修行した当時の比叡山は、広く大乗仏教を学ぶところで、いわば仏教の総合大学でした。さまざまな修行が行なわれており、顕教も密教も学ぶことができました。

ひたすら念仏を称えながら不眠不臥《ふみんふが》で阿弥陀仏のまわりをまわる「常行三昧」という行や、ひたすら坐り続ける「常坐三昧」などの行、あるいは護摩を焚《た》いて真言を唱える密教の行など、さまざまなものがありました。

しかし道元は、「坐禅こそが仏教の真髄だ」という意識を持っていました。

道元は中国から帰ってきて間もなく、『普勧坐禅儀《ふかんざぜんぎ》』一巻を著します。坐禅を基盤とする教えを広めていこうという、いわば立教開宗の宣言書のようなものです。その書の中で、

「坐禅は安楽の法門である。坐禅こそお釈迦さまの悟りの根本であり、誰でも正しく仏法を得られる唯一の法門である」

と説きました。坐禅だけが「唯一の法門」であるというのですから、さまざまな修行をしている天台衆徒の反発を招くことになりました。そのため道元は、山城国深草《やましろのくにふかくさ》の安養院に閑居することになります。そこで『正法眼蔵』の著作にとりかかります。ついで、この地に興聖宝林寺《こうしょうほうりんじ》を建立し、道元の禅風を慕って訪れる僧俗を教化しました。

また『護国正法義《ごこくしょうぼうぎ》』を著して、禅こそ国家護持のための正法であることを力説しますが、比叡山側は非難を強め、道元に対する弾圧はいっそう激化することになりました。ときに越前に領地を持つ波多野義重《はたのよししげ》の勧めもあって、道元は越前へくだります。そして、大仏寺（のちの永平寺）を創建します。ここで弟子の育成をしながら、九十余巻にもなる『正法眼蔵』を書き続けました。

さて、当時の世の中は、

——末法思想《まつぼうしそう》——

が流布していました。お釈迦さまが入滅して一千年は、「正法《しょうぼう》」といって、教えがきちんと存在して、人々の機根（資質）も優れているので、修行をすれば悟りが得られる時代です。次の一千年が「像法《ぞうほう》」で、教えは存在するが、人々の機根は衰えて、修行する者がいても、なかなか悟りが得られない時代です。そして、「末法」になると仏教は衰退して、教えは形骸化し、いかに修行しても悟りが得られなくなります。これは、一万年も続くと考えられていました。

日本では平安時代の末頃から、この末法の時代に入ったと信じられていました。ちょうどそのころから、災害、戦乱、飢饉、疫病などが続発したので、末法意識がさらに深まっていきました。その末法思想を背景にして、法然、親鸞、日蓮たちによる新しい仏教が形成されていったのです。

しかし道元は言います。

仏法に正像末を立《たつ》事、しばらく一途《いっと》の方便《ほうべん》也。真実の教道は、しかあらず。依行《えぎょう》せん、皆、うべき也。

（『正法眼蔵随聞記《しょうぼうげんぞうずいもんき》』五）

「正法・像法・末法の三時代を立てるのは、一つの方便の教えにすぎない。人はそれぞれみな仏法の器である。教えに従って修行すれば、誰でも必ず悟ることができるのである」

そして、もっとも大切なことは、「正法」を伝えることであるといいます。

その正法とは、文字であらわされた経典としての教えではありません。それは、

――正法眼蔵――

なのです。

では「正法眼蔵」とは、いったいなんなのでしょうか。

そのことを理解するために、「拈華微笑」と呼ばれる公案についてお話ししましょう。

お釈迦さまの教えは、とても多岐にわたっており、

――八万四千の法門――

といわれています。教え（法）に入る門が、たくさんあるということです。

なぜ、そのようにたくさんの教えがあるかというと、お釈迦さまの説法の特色は、

――対機説法――

だからです。お釈迦さまは、説法する相手の性格や能力などを考慮しながら、それぞれにふさわしい教えを説きました。怠け者に向かっては、「もっと努力しなさい」と厳しく

叱ることもあれば、あまりに張りつめているような人間には、「もっと怠けなさい」といいました。

これを、「応病与薬」といいます。頭痛の者には頭痛薬を、腹痛の者には腹痛薬を、といった具合に、それぞれの苦悩に応じてふさわしい教えを示されたのです。その結果、お釈迦さまの教えは、八万四千にもなったということです。ただし八万四千という数は、誇張表現です。

お釈迦さまの教えは、聴聞する者のそれぞれの力量に応じて理解されるわけです。いかに「正法」であっても、ことばによって伝えられたものは不完全で、なかなか真意が伝わりません。時代や地域が異なれば、とらえ方も変わってしまいます。それが、ことばの持っている宿命です。

だから大切なことは、正法を読みとる智慧です。お釈迦さまは、なんとかしてその智慧を伝えたいと思っていました。しかし、ことばによって教えることができないものを、ことばでは伝えられません。

あるときお釈迦さまは、霊鷲山《りようじゆせん》で、一輪の花を手にして人々に示し、その花をちょっと拈《ひね》りました。ただそれだけで、なんの説法もされませんでした。

大勢の聴衆は、いったいそれがどんな意味なのか、さっぱりわかりません。ところがただ一人、摩訶迦葉《まかかしょう》だけが、にっこりと微笑みました。彼にはお釈迦さまの心がわかったのです。

そこで、お釈迦さまは喜んで、摩訶迦葉に言われました。

「迦葉よ、そなたはわたしの真意をわかってくれたのだね。そなたにこの法を伝えるから、そなたからみんなに伝えなさい。

わたしが体得した究極の悟りの智慧を、ことばによる教えとは別に伝えなさい（教外別伝《きょうげべつでん》）。ずばり心に伝わる教え（直指人心《じきしにんしん》）を、ことばに依らず（不立文字《ふりゅうもんじ》）、心から心に伝えなさい（以心伝心）」

お釈迦さまはそのように、摩訶迦葉に教えを託されたのです。

このお釈迦さまが体得した究極の悟りの智慧こそが、「正法眼蔵」です。

この話は、禅宗によってつくられたフィクションであって、歴史的な事実ではありません。しかし、禅宗の依って立つところをよく伝えています。禅宗では、この話を「拈華微笑の公案」と呼んでいます。

一人でも半人でも

迦葉は、お釈迦さまから「正法眼蔵」を受けました。しかしそれを「次は誰に伝えたらよいのか」と悩みます。

あるとき阿難がやって来て、迦葉に尋ねました。

「お釈迦さまは、衣と鉢を伝えられました。しかし、それ以外に、何かを伝えておられたのではないでしょうか?」

迦葉は「阿難よ」と呼びかけます。

阿難は、「はい」と返事をします。

迦葉は「門前の幡《はた》を下ろしてくれ」と言いました。それで説法は、もう終わりというのです。

「阿難よ」「はい」という、たったそれだけのやりとりで、機が熟した者には本質がわかるということです。こういう形で禅というものは、伝わっていくのです。

これが「迦葉刹竿《かしょうせつかん》」という公案です（『無門関《むもんかん》』第二十二則）。

「刹竿」というのは、幡（旗）をしまうという意味です。中国の寺では、説法するときには、旗を立てます。今日説法があるぞという目印です。ですから、旗をしまうと今日の説法は終わりとなるわけです。


文字であらわされた正法の教えは、この末法の世においても存在しています。しかし、肝心の「正法によってあらゆるものを照らす智慧」は、伝わっていなかったのです。もっとも大切なことは、あらゆるものを照らす智慧なのです。

「いまの民衆の苦悩ということは、よくわかる。しかし、大勢に布教して大衆路線をとれば正法を歪《ゆが》めてしまうことになる。そうなったら、正法はなくなってしまうだろう。いまの人々の救いを考える以上に、のちの人々に正法眼蔵を伝えていかなければいけない。それを伝えるのがわたしの使命だ」

道元には、そういう自負がありました。

しかし、それを受け継ぐ者は、たくさんいるわけではありません。だから、道元は、

――一箇《いっこ》半箇《はんこ》――

でいいというのです。「たった一人でもいい、いや半人でもいい」というのです。その一箇半箇の者に「正法眼蔵」を伝えることこそ、自分の使命だと道元は思っていました。

公案とは試験問題

禅では「公案」というものがあります。

公案とは、すぐれた禅僧のことばや逸話がまとめられたものです。

いわば仏教の試験問題です。禅の師は、弟子の力量を試みたり評価しようとして、公案を出します。弟子は、師から与えられた問題に工夫究明していくことで、自分自身の境地を開発していくのです。

たとえば、江戸時代の禅僧の白隠慧鶴《はくいんえかく》の出した「隻手《せきしゅ》の音声《おんじょう》」という公案があります。「両手を打てば音がするが、では片（隻）手の音をどう聞くのか？」というものです。こ

れが公案であり試験問題なのです。弟子は、それを解かねばなりません。

あるいは公案とは、裁判官の判決みたいなものです。

裁判官も弁護士も検事も、「六法全書」に依っています。裁判の過程で、同じ六法全書に依りながら、検事は有罪、弁護士は無罪といいます。しからば裁判官は、いかなる判決を下すのか——そこが問われます。

それと同じことが、禅においても言えます。法律は仏教の教えであり、過去の禅僧の行動が判例です。これまで、仏教の教えを学び、過去の禅者の語録（言動の記録）も学んできたとします。しかし、いざ自分が、その同じ状況に直面したとき、

「さあ、おまえはどうするのか？」

と、問いをつきつめてくるのが公案です。

唐代の禅僧の趙州従諗《じょうしゅうじゅうしん》は、誰がやってきても「喫茶去《きっさこ》」と出題しました。「お茶を召しあがれ」といった意味です。

あなたがいま、ここでお茶を飲まねばならないとします。ところが、あなたは忙しい。出勤前でゆっくりとお茶を飲んでいる時間がありません。仕事は山積み、奥さんはイライ

ラしています。過去の禅僧がどんなふうにお茶を飲んだか、そんなことを知識でいくら知っていても役に立ちません。

そんな知識を、すっかり放り投げて、あなたはいまここでお茶を飲む。ただお茶を飲む。悲しいときも「喫茶去」であり、寂しいときも「喫茶去」、どんなときにも「喫茶去」です。

そういうことができたとき、あなたは一つの公案をパスしたことになるのです。

どっちだっていい

また公案とは、わたしたちの、あれこれと分別《ふんべつ》しようとするありようを粉砕して、とらわれのない無分別の世界に導くものです。そこで、二つの公案を、紹介しましょう。

一つは、ケニア生まれの牧師が書いていた話です。

あるラビ（ユダヤ教の教師）が弟子たちに、言いました。

煙突から二人の男が降りてきました。煙突の煤《すす》のため、一人は汚れていて一人は汚れていません。

「どちらが、体を洗いに行ったのか？」と師がききます。

「もちろん汚れたほうです」と、弟子は答えます。

師は、叱りつけます。「おまえはアホか。汚れているほうは、汚れていないほうを見て汚れていないと思って洗わない。汚れていないほうは、汚れているほうを見て、ああ自分は汚れていると思って洗いに行ったのだ」

二番目の弟子に、同じ質問をします。

弟子は、「汚れてないほうです」と答えました。

師は、叱りつけます。「おまえはアホか。汚れているほうは、自分の手を見て汚れているのがわかり、ああ自分は汚れていると思って洗いに行った。汚れてないほうは、自分の手を見て汚れてないから、洗わなかったのだ」

三番目の弟子に、同じ質問をします。

「はい、二人とも洗いに行きました」

師は、叱りつけます。

「おまえはアホか。いいか、煙突から二人の男が降りてきて、一人は汚れていて、一人は汚れてないなどということがあるか！　両方とも汚れているか、両方とも汚れていないのかのどちらかだ。そもそも問題がまちがっているのだ。問題がまちがっているときに、なんで答えるのだ」


二つ目は「二《に》僧巻簾《そうけんれん》（法眼指簾《ほうげんしれん》）」という公案です。

清涼院の法眼文益《ほうげんもんえき》和尚は、僧が昼食前に参禅のため部屋にやって来たとき、黙って簾《すだれ》を指さしました。そのとき二人の僧は揃って立ち、簾を巻き上げました。すると和尚は言いました。

「一得《いっとく》、一失《いっしつ》」（一人はそれでよし。もう一人はダメだ）

同じように簾を巻き上げたのに、「一人はよくて、一人はダメ」と言うのです。

これはいったい、どういうことでしょうか。

そういう公案です（『従容録《しょうようろく》』第二十七則）。

ラビの話でいえば、どちらが洗いに行くということにこだわっていたら、いくらやっても答えは出ません。

「それはおまえさん、問題がそもそもまちがっているじゃないか。問題がまちがっているのに、どちらが正しいかなどと一所懸命にやっているのだ」ということになります。

わたしたちは、「どっちでもいいこと」なのに、どちらが正しいかなどと一所懸命に悩んだりします。また、「どうでもいいこと」にこだわって迷ったりします。

まったく同じことをやっても、どちらかがよくて、どちらかが悪いというのは、世間の考え方です。すべては相対関係ですから、まったく、同じということはありえません。必ずどちらかが大きいか小さいか、強いか弱いか、早いか遅いかという差が出てきます。まったくイコールなものがあったとしても、わたしたちは、どちらが大きいのか判別しようとします。これが差別相の世界、世間の世界です。それが世間でいう、

——一得一失——

ということです。一つがよければ、一つはよくない。一つを得れば、一つを失うのです。それがわたしたちの物差しです。しかし、ほとけさまの物差しによれば、「一得一

失」の意味は、

――どっちだっていい――

ということなのです。なぜかというと、ほとけさまの願いは、「みんなを救いたい、幸せにしたい」ということです。どちらかを幸せにしたいというのではありません。「一人も漏らさず、どちらも救いたい」のです。ほとけさまにとっては、それぞれの違いなど、どうでもよいのです。「どっちでもいい」わけです。

先ほどの、簾を巻き上げた二人の僧に対する法眼和尚の「一得、一失」のことばは、「一人がよくて、一人は悪い」という意味ではなく、「一得もよいし、一失もよし」つまり、

――よい、悪いにこだわるな――

という意味です。

わたしたちの智慧は、「分別の智慧」です。ものを分け隔てる智慧です。この分別智は無限に働いて、ものごとを無限に分けようとします。それによって、「あれはいい」「これはいやだ」という執着を生んでいくのです。その執着が、苦しみを生みます。

ところが、ほとけさまの智慧は「無分別智《むふんべつち》」なのです。ものごとを分別しないのです。だからほとけさまの世界は、

――違いは違いとして認めながら、どちらも肯定できる――

のです。世の中の差別のありようをあらわす「一得一失」も、ほとけさまからみれば、同時に両方とも肯定できる、という意味なのです。それが、無分別智です。それが、ほとけさまの物差しです。

ほとけさまの物差しは、競争をすれば一等の子もビリの子もいますが、「一等は一等なりにすばらしい。ビリはビリなりにすばらしい」とみるのです。「病人は病人ですばらしい。健康は健康ですばらしい。若者は若者ですばらしい。年寄りは年寄りですばらしい」とみるのです。

それが、あるがままにみるということです。それが、無分別智です。「諸法実相」ということもできます。

宇宙そのものが公案

臨済禅は、師が弟子に公案を与えて、それを解かせることで指導します。道元にあっては、特にそのようにして公案を使うことはありません。なぜなら、

――宇宙そのもの、現実世界そのものが公案――

だからです。道元は、「この現実世界を、そのままひとつの公案として受け止めろ」というのです。

これが、「現成公案《げんじょうこうあん》」です。

「現成」とは、「現前成就」ということで、目の前に宇宙が成就しているのです。わたしの目の前にある森羅万象、命あるものすべてが、ありのままの真理としてあらわれていることをいいます。わたしをすっぽりと包んで、宇宙が現在化しているのです。

道元の思想は、『正法眼蔵』の「現成公案」の巻によくあらわれています。『正法眼蔵』のエッセンスが「現成公案」といえましょう。

諸法の仏法なる時節、すなはち迷悟あり、修行《しゅぎょう》あり、生《しょう》あり、死あり、諸仏あり、衆《しゅ》生《じょう》あり。万法《まんぼう》ともにわれにあらざる時節、まどひなく、さとりなく、諸仏なく、衆生なく、生《しょう》なく、滅なし。

（中略）

自己をはこびて万法を修証《しゅしょう》するを迷《まよい》とす、万法すすみて自己を修証するはさとりなり。迷《めい》を大悟するは諸仏なり、悟《ご》に大迷なるは衆生なり。

（中略）

仏道をならふといふは、自己をならふなり。自己をならふといふは、自己をわするるなり。自己をわするるといふは、万法に証せらるるなり。万法に証せらるるといふは、自己の身心および他己の身心をして脱落せしむるなり。（「現成公案」）

「この世のすべてのものは、ありのままにあらわれているから、そのまま迷いも悟りも修行もあり、生あり死あり、諸仏があり衆生がある。すべてを、無我で見るとき、迷いも悟りもなく、諸仏もなく衆生もなく、生もなく死もない。（中略）

自己というものを先頭に立てて、宇宙（万法）の真実を明らかにしようとするのは迷いである。宇宙（万法）のほうから自己を明らかにしてくれるとき、それが悟りである。迷いを迷いと悟るのが諸仏であり、悟りに執するのは真に悟っていない人である。

（中略）

仏道を学ぶということは、自分自身を学ぶことである。自己を学ぶというのは、自己を忘れることであり、自己を捨て去ることである。自己を忘れるということは、宇宙（万法）の中にあることを悟ることである。そうなったら、現前するすべての事物が、ほとけさまのあらわれとなる」

山川草木、迷悟、生死、生滅――それが、わたしたちの現実の世界です。いい悪い、強い弱い、大きい小さいという「差」と「別」のある「一得一失」の世界です。

しかし、自ら進んでそれらの差別相を乗り越えて、みんな同じに見ようというのは、迷いです。そうではなくて、自分が宇宙（万法）の中にあるとわかれば、それが悟りなのです。宇宙の真理（万法）は向こうからやって来るものであり、それこそが悟りであると、道元はいうのです。

仏に向かって歩む努力はもちろん必要とされます。しかし、その努力には、「自己」というはからいがあってはならないのです。

自己があれば、努力によって得られる成果に執着してしまいます。悟りを得ようとして努力すれば、悟りが得られなければ、いずれ努力をやめてしまいます。あるいは、ほんのちょっと得られた悟りに満足して、そこで努力をやめてしまいます。

道元は、もっとも大切なことは、「自己を忘れることだ」といいます。努力によって得られる成果に執着するようなちっぽけな自己を忘れてしまえといいます。

「自己をならう」とは、「自己を忘れる」ことであり、「自己を忘れる」とは、ほとけさまに包まれることです。宇宙の森羅万象の中に、自己を消し去ることです。平たく言えば、わたしたちが「自分」に対して持っているこだわりを捨て去ることです。小さな自分を忘れよということです。それが仏道だというのです。

「万法に証せらるる」とは、わたしたちが、すべてなくなるのです。自分ばかりでなく、自分とともにあるすべての事物が、ほとけさまの大宇宙に飛び込むのです。同時に他人まで、忘れて放り込んでしまうのです。そうなれば、そこはすべてがほとけさまの世界です。

わたしたちには、わからない

わたしたち人間には、ほんとうのところはわからないのです。何が真実なのか、どうしてこうなったのか、未来がどうなるのか、いくら考えてもわからないことばかりです。わからないことは、わかろうとしないで放っておけばいいのに、わたしたちは、それをわかろうと努力するのです。わからないことを、無理矢理にわかろうとするから、余計にわからなくなります。

宗教とは、仏教に限らず、

――わからないことの自覚――

を教えるものです。宗教とは、「人間には、いくら考えてもわからないことがある。そのようなことは、考えてもわからないのだから、考えなくてよい」というものです。

わからないものは、わからないままにしておけばいいのです。それが宗教の基本的な態度です。

禅がいうのは、

――「莫妄想《まくもうぞう》」（妄想する莫《なか》れ）――

ということです。これは中国の唐の時代の禅僧、汾州無業《ふんしゅうむごう》和尚のことばです。無業和尚は、馬《ば》祖《そ》道一《どういつ》の弟子でしたが、彼は「莫妄想」ということばだけを、生涯言い続けたそうです。

妄想とは、考えてもわからないことを、あれこれと悩んで考えることです。そんなことは、「妄想だからやめなさい」というのです。

ついでに言っておきます。死後の世界があるとかないとかいうことも、無業和尚に言わせれば「莫妄想」です。

死後の世界のあるなしは、いくら考えても、わかるものではありません。したがって、そんなものは「考えるな」というのが、禅の態度です。仏教の基本態度です。

お釈迦さまは、当時のインドの思想家から、

「この宇宙は有限か、無限か？　死後の世界はあるのか、ないのか？」

というような質問を受けたとき、一切の返答を拒んでいます。そのようなお釈迦さまの態度を、

——捨置記《しやちき》——

といいます。いくら考えても答えの出ない問題は、捨てて置きなさい——というわけです。

わたしたちには、ほとけさまの世界というものはわかりません。ほとけさまは、どう見ておられるかということは、わたしたちにはわからないことなのです。わたしたちの物差しでは、ほとけさまの心は「わからない」からです。

では、どうしたらよいのでしょうか。それには、ほとけさまに、

——おまかせする——

ことです。

何度も引用しますが、道元は、ここのところを、

ただ、わが身をも心をもはなちわすれて、仏のいへになげいれて、仏のかたよりおこなはれて、これにしたがひもてゆくとき、ちからをもいれず、こころをもつひやさずして、生死をはなれ、仏となる。

（「生死《しょうじ》」）

と説いています。わが身を心も、ほとけさまにおまかせしてしまうのです。

すべてほとけさまからいただいた

あるとき、奈良の薬師寺に行ったとき、こんな話をしたことがあります。

お薬師さんは、わたしにはとても縁の深いほとけさまです。わたしの父は、薬剤師でした。父は戦死したので、母が薬屋を引き継いでわたしを育ててくれました。お薬師さんは、そのように縁の深いほとけさまですが、しかし同時に、商売敵でもあります。お薬師さんが、ぜんぶ病人を治してしまえば薬屋はやっていけなくなります。

では、お薬師さんは、薬剤師の敵なのでしょうか？

いや、そんなことはないはずです。

お薬師さんは、あるときは一所懸命にお願いする人の病気を治されることもあるでしょう。しかし、すべての人の病気を治されることはありません。なぜなら、すべての病気を治されるとしたら、医者も、看護師も、病院も困ることになります。

そんなことを言いますと、「医者たちが困ることはない。医者や薬剤師はほかに転業すればいい。それよりも、病気が治ることに価値がある」と言う人がいるかもしれません。

しかし、医者や薬剤師がいなくなったら、いろいろ困ります。医学も発達しなくなります。医者や薬剤師がきちんと仕事をすることで、次の世代の人が救われていくのです。疫病で苦しんでいる外国の人たちも、救われていくわけです。

お薬師さんは、ほとけさまです。ほとけさまの願いは、「すべての人が幸せになってもらいたい」ということです。「すべての人」ですから、病気の人も健康の人も、医者も薬剤師も、それぞれの人が、一人も漏れることなく幸せになることを願っておいでです。

そうすると、お薬師さんは、ある人の病は治されるけれども、なかには「おまえさん、ちょっと病気をやってくれよ。そうでないと、薬屋が困るからな」と、頼む場合もあるわけです。

「どうしてわたしの病気は治してもらえないのか」とひがむ人がいると思います。しかし、ほとけさまは「あなたは、病気であるにもかかわらず、ちゃんと幸せになれる人間だよ。病気であるにもかかわらず、明るく生きていける人間なのだよ」と、きっと信頼しているのです。


わたしたちは、健康がいいことで、病気はよくないことだと思っています。

しかし、本当にそうでしょうか？

健康であるがゆえに浮気して、家庭がめちゃめちゃになることもあります。ひょっとしたら病人のほうが、浮気しないだけ幸せな家庭をつくれるかもしれません。

そうすると、病気が悪いことか、いいことなのか、わからないのです。

それを、わたしたちはわかったつもりで、「病気になったら悪いことだ」と思い込んでいます。わからないことを、わかったつもりでいるのです。

わたしたちには、ほんとうのところは、何もわからないのです。

わたしたちは、何ごともわからないから、いいことも悪いことも、
――いまいただいたものは、すべてほとけさまからいただいたもの――
ということにすればいいのです。

たとえば、病気であれば、それは「ほとけさまが病気をくださった」ということです。どうして病気になったのか、その原因はよくわからないけれども、ともかく病気になったのは事実です。

それは、ほとけさまのはからいである。ほとけさまの物差しは、わたしたちにはわからない。だから、「ありがたい」と受け取らせていただくのです。

リストラに遭っても、倒産しても、何があっても「ほとけさまからいただいたものだ。ありがたい」と思うことなのです。ものごとはおきてしまったのであれば、それは事実なのですから、そのまま受け取るしかないわけです。

それを人間の物差しだけで判断すると、「それは悪いことだ」と思い込んで、くよくよしながら日々を過ごすことになります。しかし、

「どんなにつらい現実であっても、それはほとけさまのはからいなんだ。ほとけさまはど

ういうお考えか、わたしにはわからない。しかし、ほとけさまはわたしたちを幸せにすることを、きっと願っておられる。ありがたいことだ」

そのように、受け取って生きていくところに、救いがあるのではないでしょうか。

あるとき百人の人間が、太平洋の真ん中で溺れていました。ほとけさまに救ってもらわないと助からないという状況です。

ほとけさまが救助に駆けつけられたとします。そのときに、いっぺんには救えなくて、一人ずつしか救えない状況だとしたら、ほとけさまは、誰から先に救うのでしょうか。金持ちから先に救うのでしょうか。お賽銭をたくさんくれた人から、先に救うのでしょうか。そんなことはありませんね。

では善人から先に救うのでしょうか。勤務評定をして、いいことをした順番から救ったりしていたら、みんな溺れてしまいますね。

ではほとけさまを信じている人から救ってもらえるのでしょうか。そんなことをすれば、ほとけさまは商売人になってしまいます。そのときの正解は、

——デタラメ——

なのです。デタラメとは、「筋が通らない、勝手気まま、いい加減」という意味で使われますが、もともとの意味は、「出たら目」です。サイコロを振って、その出た目にまかせることとです。

ほとけさまはデタラメに救われるのです。

ほとけさまが駆けつけたときには、そばの人から救っていかれるのです。若い者も年寄りも、男も女も、金持ちも貧乏人も、信仰心があろうとなかろうと、いいことをしていようと悪いことをしていようと、まったく無関係に救われるのです。

そもそもほとけさまがデタラメじゃないと、ほとけさまじゃないのです。

——デタラメなのがほとけさま——

ということがわかっていないと、インチキ宗教にしてやられることになります。

そして、ほとけさまは、すべての人を救われるのであって、百人は百人ともに救ってくださるのです。そこを信ずることが大切です。

幸せな病人になる

あるとき、滋賀県で講演したときのことです。

わたしの前に、笑福亭小松さんという落語家が話をしました。小松さんは、進行性胃ガンのため胃を摘出して、鹿児島から北海道まで徒歩で縦断しました。

小松さんが、ガンの体験話をして、みんな涙を流しました。わたしとしては、そのあとで講演するのですから、やりにくかったのです。

そのとき、わたしはこんな話をしました。

小松さんを見ていれば、病気は決して不幸ではないということがわかります。

小松さんが、ベッドからストレッチャーで運ばれて手術室に行くときに、子どもが「お父ちゃん、がんばってや!」と言って、ぽろぽろと涙を流しました。その涙が、自分の顔にこぼれ落ちて自分の涙が一緒になったというのです。

そんなすばらしい体験は病気にならないとできないことです。病気になっても、そういう幸せがあるのです。

病気になって、「なんてわたしは不幸なんだ。健康になれば幸福になるのに」という気持ちでいたとしたら、その人は健康になっても幸福は得られないでしょう。

「早く治さなければ」と焦ったり、「どうしてこんなことになったんだ」と恨んだり、「もっといい治療法や病院があるのではないか」と、あれやこれやと心配し、文句を言って愚痴をこぼしたり、のたうちまわって努力するのは、「不幸な病人」です。

「病気になったら病気になった」ということです。後悔してもじたばたしても、不安に思っても仕方がないのです。「病気は病気だ」ということなのです。

病人であることを、そのまま楽しむのです。いわば、

――幸せな病人――

になることです。わたしたちには、何が幸せになるのかわかりません。ぜんぶほとけさまにおまかせしていけばいい。自分の病気とか倒産とか、世にいう不幸があったとしても、ほとけさまが「おまえさん、すまんな」と頼んでおられると思えばいいのです。

病気になったら、病気になったということです。病気は治るときまで、決して治りませ

ん。治るときは、治るのです。

それでは、自分はあまりに損な役回りだと思うかも知れませんが、ドラマの「水戸黄門」を考えてほしいのです。悪代官や悪い商人が出てこないと、ドラマが面白くないわけです。

将棋でいえば、桂馬もあるし、金もあるし銀もある、王も歩《ふ》もあります。どの駒が価値があるかということは、わからないのです。将棋を指している人にとっては、それぞれの駒にみな価値があります。それぞれの駒には、しっかりとその役割を果たしてほしいのです。

この世界は、ほとけさまが将棋を指しておられるようなものです。わたしたちは、みな駒です。わたしは、「歩」みたいな人間だと自分で勝手に解釈して、自己卑下してしまうこともあるでしょう。しかし、「歩のない将棋は負け将棋」ということわざもあるように、歩というものはとても大切です。歩の代わりに飛車があっても、その局面では役に立たず、どうしようもないことがあります。だから、どの駒が大切なのかは、自分では決してわからないのです。

人生とは、大きな大きな宇宙のドラマです。人類のみならず、生きとし生けるもの、山川草木すべてを巻き込んだ壮大なドラマです。

そして、ほとけさまが、監督であり脚本家です。ほとけさまが、舞台設定をして配役を決めています。そのドラマの中で、この人生が、ほとけさまから与えられた役回りなのです。この宇宙のドラマの中では、無駄な人は、一人もいないのです。それぞれが必要な役割なのです。

法位《ほうい》に住《じゅう》する

たき木《ぎ》、はひとなる、さらにかへりてたき木となるべきにあらず。しかあるを、灰はのち、薪《たきぎ》はさきと見取《けんしゅ》すべからず。しるべし、薪は薪の法位に住して、さきあり、のちあり。(中略)

生も一時のくらいなり、死も一時のくらいなり。たとへば冬と春のごとし。冬の春となるとおもはず、春の夏となるといはぬなり。

（「現成公案」）

「薪は燃えて灰となり、それが再び薪にもどることはない。しかし、それをいちがいに、薪ははじめにあるものであり、灰はそれに続くものであると考えてはならない。薪は薪になりきっていて、はじめから終わりまで薪である。見かけの上では、前後があるが、それはつながりのない前後であって、薪はどこまでも薪である。灰もまた灰になりきっていて、はじめから終わりまで灰である。（中略）

生といえば一瞬一瞬において生になりきっており、死といえば一瞬一瞬において死になりきっている。それは、たとえば冬と春のようなものである。人は、冬そのものが春に変わるとは思わず、春そのものが夏になるとはいわない」

「薪は薪の法位に住している」とは、薪が燃えて灰になるのだけれども、それは薪が灰になったのではありません。薪は薪で灰ではありません。灰は灰で、薪ではありません。

冬が去って春が来ます。しかし、冬は冬で、春は春です。冬が春になるのではなく、冬は冬であり、春は春なのです。

それと同じく、健康な人間が病気になり、病気の人間が治って健康になります。それは「健康→病気」「病気→健康」と変化するわけですが、健康はあくまで健康で、病気はあくまで病気なのです。

わたしたちは、病気を病気とみればいいのです。病気のときは、病気のまま、そこにいまの自分があるのです。病気になれば病人として生きればいいのです。「病気にならなければよかったのに……」と思ったり、「早く治ってほしい」と願うのは、いまのわたしをしっかりと生きていないのです。ありのままの自分を肯定していないのです。

――どんな状況にあっても、いまの自分をしっかりと生きよ――

それが道元の教えです。わたしたちは、どんなときでも、

――いまの自分を大肯定する――

のです。健康のときは健康であり、病気のときは病気なのです。

灰になったとき、もとは薪だったといっても仕方がないでしょう。薪がいつか灰になってしまうと心配しても仕方がないでしょう。いま苦しいとしたら、いま苦しいことが、すべてです。いま病気だったら、治ったらどうなるとか、あのときは健康だったといっても

仕方がないのです。

「病気は病気である」ということです。大学に落ちたら、「落ちた」ということです。灰は灰なのです。それが「法位に住する」ということです。それは、仕方がないとあきらめるのではありません。いまのあるがままに、徹するということなのです。

あるがままを受け入れる

お釈迦さまは、「すべては苦」であると説きました。生まれることも、病むことも、老いることも、死ぬことも、苦しみだといいました。

この「苦」というのは、文字通りの「苦」という意味ではありません。もともとは、パーリ語では、〝ドゥッカ〟といいます。これは、

――思うがままにならない――

という意味です。わたしたちは、「思うがままにならないことを、思うがままにしよう」としたときに、苦を生ずるわけです。

老いることは、思うがままになりません。老いが苦しくなるのは、いつまでも若くありたいと思うから苦しむのです。

いまここにいるわたしが、とりもなおさず「あるがままのわたし」とわかればいいのです。

思うがままにしようとしなければいい、苦にしなければいいのです。病気になれば、いまのわたしは病気でしかないのです。苦しいときは苦しいのです。痛みをなくそうと思うから、苦しくなるのです。

大学に落ちることが不幸なのではありません。自分で勝手に、不幸だと思い込んでいるのです。大学に「落ちた」ら「落ちた」ということなのです。

大学に合格することが、いいことだと思うでしょうが、大学に合格したために、相性の悪い者がいて、いじめられて自殺することだってあるかもしれません。落ちて一年浪人したために、そのことですてきな恋人に巡り逢えるかもしれません。

刑務所に入った人間は、刑務所の中にいるのだから、「どうして罪を犯してしまったのか、あんなことしなければよかった」と後悔しても意味がないのです。いま、刑務所にいるのは、刑務所にいるということです。それが、「あるがままのわたし」です。

早く出ようなどと希望を持っても仕方がないのです。希望を持つのは、現状を否定しているからです。いまのわたしを否定して努力しても仕方がないのです。まともに務め上げれば仮釈放があるというかもしれませんが、仮釈放というのは人の心証をよくすることでしょう。人の心証をよくしようとして生きるのは、さもしいことです。

だからちゃんと決められた刑期を、たんたんと務め上げればいいのです。刑務所で楽しく過ごせばいいのです。暴れる必要もないし、卑屈になる必要もないのです。どんな事態になっても、自分は自分でよいのです。

それが「法位」ということなのです。いま、いっときの法位で刑務所にいるのです。冬が春になるわけではないのです。いまは冬だとしたら、冬なのです。いつか春が来ると待っているのはおかしいのです。だから未来がどうなるかを、

——判断放棄——

してしまえばいいのです。ほとけさまに、まかせておけばいいのです。

肉体の苦痛があるとしたら、ただ肉体の苦痛があるということです。

ある女性が、ガンにかかりました。すでに体中にガンが転移していました。

その方は、モルヒネを注射することを医者が勧めましたが、断りました。

「先生、いま痛みがあるというのは、生きている証じゃないでしょうか。わたしはどんなに痛くてもつらくても、生きているという証を大切にしたいのです」

そのように言って、痛みに耐えておられたということを聞きました。

それは、きっと大変な痛みだったことでしょう。しかし、それが生きているという証だとすれば、彼女には耐えていくことができたのでしょう。そういう生き方もあるということです。わたしだったら「痛みを取ってくれ」と、のたうちまわるだろうと思いますが。

問題があるから生きられる

生きるというのは、いろいろな問題を抱えることです。

わたしたちは「この問題さえなくなれば、幸せになる」と思うのですが、問題を解消しようと思っても、そう簡単にはいきません。ひとつ問題が解消されたとしても、必ずまた次に問題がおきてきます。問題というものは、常にあるものです。

そもそも問題がすべてなくなったとしたら、果たして幸せなのでしょうか。

わたしたちは問題があるから、悩むことがあるから、生きていられるのではないでしょうか。

ウナギの稚魚をシラスといいます。そのシラスを、日本は海外から輸入しています。それを養殖して大きく育てるわけです。カナダあたりから輸入してくると、長時間の輸送ですから、繊細なシラスは九〇%も死んでしまうのだそうです。

ある人が、どうせ死んでしまうのならばと、ちょっとしたひらめきで、試みにシラスの泳いでいる水槽にナマズを入れてみました。すると、ナマズはシラスを餌にして食べてしまいます。シラスは、食われたらたまらんと必死で逃げまわります。そして空港に着いたとき、二〇%は餌になって食われたけれども、あとの八〇%は元気に生きていたのです。

シラスは、ナマズという天敵がいたから、生き延びることができたといえるでしょう。

わたしたちは、敵のいない理想の状態がいいと思っているけれども、敵がいたり、厄介な問題があるから、いきいきと生きていられるのかもしれません。


動物学者がこんな実験をしました。

古い建物にネズミを飼いました。ネコやヘビといった天敵のいない状態にして、餌は外から補給します。遺伝子の劣化を防止するため、ときどき外から野生のネズミを入れてやります。

そうすると、ネズミはどんどん増えます。

けれども、ある限度まで増えると、突然、ネズミは死にはじめるのです。まだまだ繁殖できる空間があり、餌はいくらでも補給されるのに、ネズミは死んでいくのです。老衰で死ぬほかに、若くて元気のいいネズミも死んでいきます。

なぜでしょうか？

いろいろと調べた結果、ストレスが原因だとわかりました。あまりにもネズミが増えすぎると、ネズミもストレスを感じるのです。ちょうどわれわれ人間が満員電車の中で感じる、あのストレスですね。

このようにして、ネズミがある限度に達すると、こんどはどんどんと減りはじめ、ピーク時の三分の一にまでなるそうです。そして、そこからまた増えはじめます。何度実験してもそういう結果になるそうです。

つまり、これはこの世が「弱肉強食」の世界でないことを意味します。

ネコが強者で、弱者のネズミを食べるのではない。捕食者のネコがいてくれないと、ネズミは生存できないのです。実験では、ネズミは三分の一まで減りますが、それは餌の補給があるからです。もしも、自然の状態であったら、ネズミが増えすぎると、ストレスが原因で死ぬばかりではなく、餌がなくなるので共食いになったりして、ほぼ全滅していきます。

ネズミは、ネコに助けられて生き、ネズミに助けられてネコが生きるのです。

科学者は、それを一方的な補食関係（すなわち「弱肉強食」の関係）と見ていますが、それは誤りです。ネコとネズミは、相互依存関係なのです。

ご縁の世界

この世は「ご縁の世界」です。わたしたちは、「ご縁の世界」に暮らしています。誰かがよくなれば誰かが悪くなったりするのです。それはやむをえないことです。

嫁と姑の仲が悪いのは、当たり前です。うまくいくわけないのです。それは、ばあさんがいれば、若い夫婦がいちゃつこうと思えば、邪魔です。逆に、どこの馬の骨ともわからん者が出てきて、「わたしが妻です」と言われるのは、迷惑なことなのです。

わたしたちは、いろいろ他人さまから受ける迷惑を我慢して暮らしているのです。「おれは他人に迷惑をかけてない、だから迷惑をかけられるのはいやだ」というのは、それはおかしいのです。

わたしたちは、だいたい〝ゴムひもの物差し〟を持っているのです。「わたしは迷惑をかけているかもしれないけど、わたしのはこれくらい。でも、あの人の迷惑は、こんなに大きい」と、自分に都合いいように物差しが伸び縮みするのです。

わたしたちは、生きているだけで、他人に迷惑をかけているのです。車を運転すれば、渋滞をつくってしまいます。電車に乗れば邪魔なのです。公衆電話をかけていたら、次の人はかけられないのです。

自分では気がついていなくても、しっかりと他人に迷惑をかけている。だから人さまの迷惑を、しっかり堪え忍びなさいということなのです。

わたしの祖母が、こんな話をしてくれました。

男風呂と女風呂みたいに、隣り合わせに、地獄風呂と極楽風呂があるというのです。両方とも、同じ大きさです。中に入っているお客さんも同じ人数です。

ところが、地獄湯では、お湯が引っかかったとか、ぶつかったとか言って、みんな始終ケンカしています。同じ人数が入っているのに、極楽湯は、わきあいあいしているというのです。

どうしてでしょうか?

地獄湯は、自分で自分の背中を洗おうとしているのです。だから、互いにぶつかるわけです。ところが、極楽湯は、まるく輪になって人の背中を流しています。一番最初の人が、一番最後の人の背中を流しているのです。だから、わきあいあいとしている。そう話してくれました。

この世も、同じ世界なのです。ある世界では、自分のことばかり考えています。「おれさえよければいい」というと、この世の中は地獄になってしまいます。けれども、「人さまの背中を洗わせてもらおう」と考えていると、そこは極楽になるのです。

南極大陸では、ときどき「ホワイトアウト」と呼ばれる現象がおこると、南極観測越冬隊に参加した人から聞きました。

これは晴れた日で、しかも上空に薄い雲がかかっているときにおこります。太陽の光が上空の雲に乱反射し、同時に地面の積雪に乱反射するのです。そうなると、あたり一面が光そのものになってしまうのです。すべてが光の世界になるのです。

したがって「影」というものがなくなります。「影」がなくなると、人間は距離の感覚も方向も失ってしまい、自分がいまどこにいるか、どちらの方向に向かっているか、さっぱり見当がつかなくなると言います。まるで牛乳の中を漂っているみたいだそうです。

こういうときには、基地に戻れなくなり、またクレバス（氷河や雪渓の割れ目）に落ちて死ぬ人もいるそうです。美しいけれども、まことに恐ろしいのがホワイトアウト現象です。

わたしたちがものを見るには、光がなければなりません。けれども、光ばかりになってしまうと、逆にものが見えなくなるのです。光があって同時に影があるとき、わたしたちはものを見ることができるのです。

わたしたちの人生において、光は幸福であり、影は不幸です。そしてわたしたちは、幸福を求め、不幸を嫌います。しかし、幸福ばかりであれば、わたしたちの人生は案外つまらないかもしれません。不幸という影があって、幸福がひしひしと感じられるのではないでしょうか。

わたしたちは、不幸になったとき、そこから逃れようとじたばたします。そうすることによって、不幸から脱出できるのであれば、そうしてもよいと思います。でも、そうでないのであれば、じたばたする必要はないのです。

不幸は人生の「影」の部分です。不幸という実体があるわけではありません。幸福という「光」と不幸という「影」がワンセット（一組）になって、人生の陰陽がつくられ、人生が味わい深くなるのです。

不幸になれば、たしかにわたしたちは苦しい。でも、不幸が人生の「影」の部分だと知っていれば、少しは不幸に耐えやすくなります。わたしはそう思います。

生も一時のくらい、死も一時のくらい

生も一時のくらいなり、死も一時のくらいなり。

（「現成公案」）

生も死も、同じように「一時のくらい」です。生に価値があって、死には価値がないということはありません。生も死も、ともに等しい価値を持っているのです。

キサーゴータミーの話をとりあげましょう。

これはあまりに有名な話ですが、角度を変えて読んでみたいのです。

キサーゴータミーは、コーサラ国の首都舎衛城《しゃえいじょう》に住む貧しい女でした。一児の母親でしたが、その男児が死んでしまいます。

それで彼女は半狂乱になって、舎衛城の街を遺体を抱えて走り回っていました。

「どなたか、この子の生き返る薬をください」

彼女はそう叫ぶのですが、誰もどうすることもできません。

子どもの遺体は、死臭を放っています。

そのときです。

祇園精舎《ぎおんしょうじゃ》（舎衛城にある僧院）から托鉢《たくはつ》に来られたお釈迦さまが、彼女に呼びかけられました。

「女よ、わたしがその薬をつくってあげよう」

「ありがとうございます。お釈迦さま、お願いいたします」

「では、その薬をつくる材料をもらっておいで。カラシ種が必要なんだよ」

「はい、もらって来ます」

「しかし、女よ、そのカラシ種は、これまで死者を出したことのない家からもらって来ないといけないのだよ」

お釈迦さまは、そのように条件をつけられました。

キサーゴータミーは、舎衛城の家々を訪れます。

どこの家でも「おやすいご用だ」とカラシ種をくれようとしますが、彼女が尋ねてみると、どの家もどの家も、みんな死者を出しています。

「去年、おじいちゃんが亡くなってね……」

「このあいだ、そう、あんたが抱いているような、小さな孫に死なれてね……」

死者を出したことのない家を求めて歩き回るキサーゴータミーにも、だんだんとわかってきました。みんなが悲しみに耐えて生きているのだ、ということが。悲しい思いをしているのは、自分一人ではないのです。

そのうちに、彼女の狂気は鎮まってきました。

キサーゴータミーは、お釈迦さまのところに帰っていきます。

「カラシ種をもらってきたかい？」

「いいえお釈迦さま。わたしにはもうカラシ種はいりません。この子を静かに葬ってやろうと思います」

キサーゴータミーは、そう言いました。

お釈迦さまは、にっこりとうなずかれたのです。

お釈迦さまは、対機説法《たいきせっぽう》の名人でした。

対機説法というのは、教化する相手に応じて、相手にわかるように教えを説くことです。お釈迦さまは、愛するわが子を失って狂気になっているキサーゴータミーにわかるように教え諭されたのです。

「死んだ子の生き返る道理はない。そんな薬は誰もつくることはできない。あきらめなさい」

もし仮にお釈迦さまが、そのようなことばでキサーゴータミーに接したら、彼女の狂気は鎮まったでしょうか。きっとノーだと思います。

この話は、普通、お釈迦さまの対機説法の名人芸を示す話に使われています。それはそれで、いいのです。けれども、ではお釈迦さまはキサーゴータミーに何を教えられたのでしょうか。

「生あるものは死ぬ」ということを、わからせるためだけではなかったことでしょう。キサーゴータミーは、死んでしまったわが子には、価値がない、子どもは生きていてこそ値打ちがあると思っていたのでしょう。だから、死んだわが子を生き返らせたいと思ったのです。しかし、それがまちがいなのです。

生きている子は、生きているそのままで最高の価値です。と同時に、死んでしまった子は、死んだそのままで最高の価値です。それがすなわち、

――諸法実相《しょほうじっそう》――

ということです。「あるがままでいい」ということです。そのことを、お釈迦さまは、教えられたのです。

死んでしまった子は、死んでしまったのです。これを生き返らせることなどできるわけがありません。ならば、死んだ子を死んだ子として、そのまま愛するのが真の親の愛情で

しょう。それを生き返らせようとしていたキサーゴータミーは、まちがっていたのです。

現代科学のやっていることは、このキサーゴータミーの「愚行」と同じです。寿命の短い子の寿命を延ばそうとして、臓器移植のようなことをやっています。

年をとれば体力が衰えるのは当たり前です。あるがままでいいのです。体力が衰えれば、衰えたということです。老いは老いなのです。それで、いいのです。

それなのに、現代科学は、いつまでも若さを保とうとあれこれの方法・技術を考え出します。それは、まことに愚かであり、貪欲なのです。

わたしたちは「あるがままでいい」という考え方を学ばねばなりません。それがお釈迦さまの教えなのです。

それぞれの死に際

南北朝時代に、関山慧玄《かんざんえげん》という老師がいました。大徳寺を開いた大灯国師の弟子で妙心寺の開山です。

慧玄にはこんなエピソードがあります。

ある僧が参禅にやって来て言います。

「わたしは、生死事大・無常迅速の一大事を明らめるために参りました」

生死の解決こそが最重要課題であり、一生などあっという間に過ぎてしまう。いつ死が訪れるかわからない、というわけです。

すると慧玄は、「わしのところには生死なんてない」と言ったそうです。

その慧玄の最後は、まことに禅僧らしいものでした。

彼は長らく病床にありましたが、ある日、

「どうやらお迎えが来たようじゃ。さらば行脚《あんぎゃ》に出ていく」

といって自ら白装束の旅支度をして杖をつきつつ寺を出ていきました。そして、法を嗣いだ弟子の授翁宗弼《じゅおうそうひつ》を風水泉とよぶ井戸のそばに呼びます。かたわらの大樹によりかかりながら、宗弼に遺誡を伝えると、そのままじっと立っています。慧玄は立ったまま亡くなったのでした。

明治の傑僧といわれた臨済宗天竜寺派の管長、橋本峨山《はしもとがさん》の臨終は、禅僧にしてはいささか風変わりでした。いや、これも禅僧らしいものでした。

息をひきとる間際、峨山は弟子たちを全員集めました。そして、

「おまえたち、よく見ておくがよいぞ。ああ、死ぬということはつらいもんじゃ。死にとうないわい」

と言いつつ、死んでいったのです。

二人とも、すばらしい死に方だと思います。

わたしたちはその場その場で、自分にできる死を死ねばいいのです。これが理想だという死でなくても、自分の死に方をすればいい。自分の苦しみ方をすればいいのだと思います。

死を考えたとき、やはりわたしは安らかな死でありたいと思います。死ぬときは、従容《しょうよう》として死にたいという願望はあります。でも、それがわたしにできるか……となれば、あまり自信がありません。そうすると、わたしはこう考えてしまいます。

何も死に際を美しくする必要はないではないか。別段、のたうちまわって死んでも構わないだろう。

そう考えたとき、わたしはとても気が楽になりました。

のたうちまわって死んでもいい……となれば、わたしも安心して死ねるからです。

そして、わたしはこんなふうに思います。ほとけさまは、われわれをほとけさまの国に迎えてくださるというけれども、そのときほとけさまが、

「安らかに死んだ者だけが、わたしの国へおいで。のたうちまわって死んだ者は入国禁止」

と言われるだろうか？　決して、そんなことは言われるはずはありません。

ほとけさまは、従容として死んだ人間も、「死にたくない、死にたくない」と叫んで死んだ人間も、どんな死に方をした者でも、ほとけさまの国に迎えてくださるにちがいないのです。

だから、どんな死に方をしてもいいのです。美しく死ねる者は、美しく死ねばよいのです。また死に際を飾ることもありません。ありのままに死んでいけばよいのです。

どんな死に方をしても、あとはぜんぶほとけさまが面倒を見てくださる。わたしたちは、ほとけさまに甘えておけばよいのです。

第四章
布施とはむさぼらないこと

八大人覚《はちだいにんがく》

『正法眼蔵《しょうぼうげんぞう》』の最後は「八大人覚」で終わっています。

この「八大人覚」は、お釈迦さまの遺言のお経として知られる『遺教経《ゆいきょうぎょう》』(仏垂般涅槃《ぶつしはつねはん》略説教誡経《りゃくせつきょうかいきょう》)の後半部を取り上げたものです。

お釈迦さまは、クシナガラにある沙羅双樹のもとで八十歳の生涯を終えました。『遺教経』は、入滅の夜に説かれたといわれるものです。

比丘たちよ、そんなに悲しみ悩んではいけない。
わたしがどんなに長く生きられたとしても、会うものはいずれ別れるものだ。
会えば、必ず離れなくてはならない。
わたしは、救うべき人はみな救った。
まだ救われない人は、やがて救われる因縁を残した。

わたしが死んだ後、わたしが伝えたことを後世に正しく伝えたならば、
教えのあるところに、わたしは永遠に生きている。
この世は無常で、生まれたものは必ず死に、会った人とは、必ず別れがある。
憂い悩んではいけない。
（中略）
比丘たちよ。
生死を離れる道を努力して求めなさい。
一切世間はすべて崩れてゆくものだ。

比丘たちよ。
しばらく憂い悩むことを止めなさい。
また語ってもいけない。

いま、まさに時はすぎようとしている。

わたしはいよいよ入滅しようと思う。
これがわたしの最後の教えである。

このような教えを遺して、お釈迦さまは、涅槃に入りました。

臨終の近いことを悟った道元は、これだけは後世の修行者たちに言っておきたいという気持ちで、「八大人覚」を書きました。

本文の冒頭には「諸仏はこれ大人なり」とありますが、八大人覚とは「大人（だいにん）として心がけるべき八つのこと」という意味です。仏道修行者が守らなければならない八つの道のことです。

かんたんに説明すると、次の八つです。

「少　欲」……欲望を少なくする
「知　足」……足りていることを知る
「楽寂静《ぎょうじゃくじょう》」……執着を離れて憂いなく安らかな状態を楽しむ

「勤精進《ごんしょうじん》」……仏道修行を怠けずに努力する
「不忘念《ふもうねん》」……仏法の志を忘れないこと（いつも覚醒していること）
「修禅定《しゅぜんじょう》」……坐って心を静かに落ち着け集中すること
「修智慧《しゅちえ》」……ありのままにものごとを見る目を養うこと
「不戯論《ふけろん》」……無益な戯れの議論をしない

道元は「これを修習せず知りもしない者は、仏弟子ではない。これを守って仏道修行をすれば、仏法は永遠に滅びることはない」と弟子に教誡しました。

渇愛はかぎりなく膨らんでいく

「八大人覚」のはじめは「少欲」「知足」です。
わたしは、お釈迦さまの教えは、ひと言でいうならば、
——少欲知足——

だと思います。「欲望を少なくし、足るを知る」というのが、お釈迦さまの教えの基本です。

少欲は、「小さな欲」ではありません。他と比較して、大小ではありません。「欲を少なくする」という意味です。

お釈迦さまは、あらゆる欲望の中には、

——渇愛《かつあい》——

があると言われました。「渇愛」とは、サンスクリット語の〝トリシュナー（渇き）〟からきたものです。喉の渇いた人が水をほしがるような激しい欲望や衝動を、渇愛と呼ぶのです。

船が難破し、救命ボートで海を漂流しているとします。太陽が上からギラギラ照りつけています。喉がカラカラに渇いています。

しかし、飲み水がありません。いや、海水は周囲にあり余るほどありますが、真水がないのです。

あまりの渇きに耐えかねて、あなたが海水をひと口飲んだとします。

渇きはおさまりますか……？　ノーです。むしろそのひと口の塩水が、ますます渇きを激しくします。あなたは、海水を飲み続けなければなりません。

そのような欲望が渇愛です。それは、奴隷のような欲望です。

人間の欲望を見ていくと、二種類あると思います。それは、

――「自然的欲望」と「奴隷的欲望」――

です。「自然的欲望」とは、充足すると解消される欲望です。

お腹が空いたときは、一杯のご飯を食べるとおいしくいただける。二杯目も、まだいただける。でも、三杯目はもういらない。四杯目となると、うんざりする。それが自然の欲望です。満ち足りたらおさまる欲望です。

ところが、「奴隷的欲望」はそうではありません。

奴隷的欲望はそれを充足させるほどますます膨らみます。「もっともっと」とほしくなるのです。したがって、充足によってこれを解消させることはできません。充足させようとすればするほど、欲望の奴隷となってしまうのです。

たとえば、サラリーマンが、年収一千万円ほしいといった欲望を抱いたとします。そして、数年後、実際に年収が一千万円を超えたとします。「ああ、よかった……」となるでしょうか。

彼はきっと、こう考えます。「昔は、一千万円あればいいと思っていた。しかし、いまの時世では、一千万円でも安心できない。せめて三千万円の収入がほしい」

その数年間に、物価がそれほど上がったわけではありません。にもかかわらず、一千万円で彼が満足できないのは、彼の欲望そのものが膨らんだからです。ここで彼は、欲望の奴隷になっています。

高級ドレスがほしいと思っている女性も、夫に一着の高級ドレスを買ってもらったくらいでは満足しません。高級ドレスが手に入ると、それに似合うネックレスやイヤリングがほしくなります。そして、ハンドバッグも靴もほしくなります。

そのドレスを着てパーティーに出席して友だちに褒められたりしたら、もうだめです。その友だちが来る別のパーティーには、そのドレスはもう着ていけません。より高価なドレスを新調しなければならなくなります。彼女は、欲望の奴隷になってしまったのです。

自然的欲望はそれを充足させせることによって消滅しますが、奴隷的欲望はそれを充足させるほどますます膨らんでいって、解消することはできません。

その欲望は、充足させせようとすればするほど、ますます欲望は膨れ上がります。そして、そこには不満、不満、不満ばかりです。

どんなに財産があっても「もっと財産があればいいな」と考えるのは、欲望に突き動かされた人生です。財布に一万円があるのに「これが二万円になったらいいな」などと思っていれば、ずっと不満です。「足りない、足りない」と不満ばかり抱くことになります。その一万円でいろいろなことができるのに、不満の心によって、その一万円の幸福は消えてしまうのです。

わたしたちは欲望の奴隷になっています。いまの日本人がまさに悩んでいるのは、その奴隷的欲望なのです。いまの現代文明というのは、ますます誘惑が多くなって、わたしたちの欲望をかき立ててくるわけです。

もっともっとの心が餓鬼

「餓鬼に三種あり」と、仏教の教理解説書である『阿毘達磨順正理論《あびだつまじゅんしょうりろん》』に書かれています。

餓鬼というのは、餓えに苦しむ衆生のことで、六道輪廻の世界の一つである餓鬼界（餓鬼道）の住人です。餓鬼界は、地獄界の上、畜生界の下に位置しています。生前に嫉妬深かったり、もの惜しみしたり、貪欲であった者が堕ちる世界です。そして、この餓鬼界に堕ちた者は、飲食物が得られない飢餓の苦しみを一万五千年にわたって受けるとされています。

その餓鬼に三種あるというのです。

まず最初に「無財餓鬼」。これは、なんの財産も持たず着物もないので裸です。そして、何も食べることができません。

次には「少財餓鬼」。ボロ切れのようなものを着ています。そして、少しは食べ物はあります。といっても、糞尿や、墓場にある残飯などです。これらの無財餓鬼と少財餓鬼は、地下にいて地獄のすぐそばにいるのです。

しかし、もう一つの餓鬼がいます。これが「多財餓鬼」です。この餓鬼は、いっぱい財産を持っています。宮殿のようなすばらしい住宅に住んで、外車を乗り回し、山海の珍味を食べて、ビールも飲んで太っているのです。これは、人間世界に住んで混じっていると書かれています。

「これはおかしいじゃないか。そんな山海の珍味を食べている餓鬼なんかいるだろうか」

わたしは、これを読んだとき、納得ができませんでした。しかし、あるとき、はっと気がついたのです。

いったい餓鬼とは、なんだろうか。痩せて食べられないのが餓鬼だと思っていましたが、どうもちがうのです。わたしは餓鬼とは、

――自分が持っているもので、満足できない存在――

なのだと思いました。「もっと、もっと」という心を持つ者が、餓鬼である。わたしはそう定義しました。すると、多財餓鬼の存在がよくわかります。

お釈迦さまの時代のお坊さんは、「三衣《さんね》一鉢《いっぱつ》」といって、三枚の衣と托鉢用の鉢しか持

っていませんでした。また、お釈迦さまと同時代に、ジャイナ教という宗教が興りましたが、仏教よりもさらに徹底した無所有の教えでした。まったくの無財ですから、いつも真っ裸です。托鉢用の鉢も持っていなかったのです。しかし、彼らは満ち足りていたのです。

何も持っていなくても、それで満足している人、ほんの少ししか持っていなくても、ありがたいなあと思える人は、餓鬼ではありません。

しかし、うなるほどの大金や地位や名誉を持っていても、「まだほしい、もっとほしい」と、自分が持っているものに満足ができなければ、それは餓鬼なのです。

そうすると、現代の日本人は、物質的には豊かであっても、多財餓鬼になってしまっていないでしょうか。ひょっとしたら、多財餓鬼とは、「エコノミックアニマル」のことかもしれません。

喜んで捨てるのが布施

仏教では、少欲知足の大切さを説き、その心になるために、

――布施――

を教えています。布施とは簡単にいえば「捨てる」ことです。決して「あげる」ことではありません。自分の持っているものを捨てさせていただければ、それでいいのです。相手がそれをどうしようとかまわないのです。仏教ではそう教えています。

さらに大乗仏教では、「こだわりのない心で布施をしなさい」と教えています。こだわりのない心とは、相手を「かわいそうに」と思って施したり、相手からの感謝を期待しないということです。

なぜなら、相手を「かわいそうに」と思うのは、その相手を最高・最善の状態だと見ていないのです。もっといい状態になれるのに……と思うから、「かわいそうに」となるわけです。そんな気持ちで施したのでは、布施になりません。

大乗仏教では、布施は、

――喜捨《きしや》――

だと考えます。自分が持っているものを喜んで捨てるのが「喜捨」です。だから、それを相手が利用してくれても、「こんなもの要らない」と捨てられてしまっても、それは相手の問題なのです。自分には関係ありません。自分はただ捨てるだけでいいのです。

そして、自分が自分の持っているものを喜捨できると、自分が豊かになります。自分が最高・最善の状態だからこそ、捨てられるのです。足りない、足りないと思っていたのでは、布施はできません。

ということは、布施をすることは、自分自身を最高・最善の状態にするための行為なのです。大乗仏教の布施は、そういう考え方に基づいています。

わたしは、高校などで講演するときに、こんな話をします。

みなさん、どうか布施を実行してほしい。これは特別なことではなくて、いつでもできることなのです。たとえば、満員電車の中で、老人や身障者に座席を譲るのも布施なのです。

けれども、もしも「年寄りはかわいそうだから座らせてやる」といった気持ちで座席を譲るのなら、それはやめてほしい。それは、布施になりません。それだと、たんなる親切、道徳的な善行でしかないのです。

それが仏教でいう布施になるためには、あなたが「お年寄りに座っていただいたほうがうれしいから、こちらからお願いして座っていただくのだ」と考えたときです。あるいは、座っていただいたお年寄りに、あなたが心の中で、「座っていただいてありがとうございます」とお礼が言えたとき、それが真の布施になっているのです。

でも、もう自分がくたくたに疲れていて、老人に席を譲れないようなときもあるでしょう。そういうときには、目の前に立っている老人に、「おばあさん、すいません。わたしは今日はくたくたなんです。だからこのまま座らせてください」と、心の中で謝るなら、それもすばらしい布施なのです。

ここに道徳と宗教の差があります。道徳は結果でもって判断します。たとえ心の中で相手を軽蔑しながら、「くそばばあ！　おれの前に立つな。恨めしそうな顔をするな。ええい、座れ！　譲ってやらあ」と悪態をつきながらでも、譲った人間がいい人間で、譲らない人間は悪い人間です。

しかし、宗教においては、心の中が大事です。心の中でお年寄りにお詫びを言いながら座っている人が、宗教的にはすばらしい人なのです。わたしは、そう解説しています。

布施とはむさぼらないこと

息子と電車に乗ったときのことです。電車はがらがらに空いているのに、息子は座ろうとしないのです。

「どうして、立っているんだ。座れよ」というと、「いや、お父さん、この電車はもうすぐ満員になるんだよ」というのです。いつも通学しているので、彼はそのことを知っているわけです。

「満員になったら立てばいいじゃないか。いま、座っておけばいい。身障者やお年寄りが乗ってきたら、そのときに席を譲ってあげればいいじゃないか」といいますと、「でも、面倒だから」と彼は座らないのです。

あるとき、わたしは布施について、こんなケースはどうだろうかと思いました。

目の前に二十代の若者が立ってて、その横におばあちゃんがいます。自分は次の次の駅で降りるから、「おばあちゃんどうぞ」といって、ひと駅くらい早く立って席を譲ります。おばあちゃんは座ることができました。

これは、わたしはおばあちゃんには、いいことをしたのですね。でも、目の前の青年には、悪いことをしたのかもしれません。少なくとも、いいことはしていませんね。

もしかしたら、その立っていた青年が心臓にペースメーカーを入れていたかもしれないのです。おばあちゃんは、疲れてなかったかもしれない。ほんとうに席が必要だったのは、おばあちゃんではなくて、その青年だったかもしれない。すると、おばあちゃんに席を譲ることは、いいことではなかったかもしれません。

だから、わたしたちには、何がほんとうの布施になるのか、それはわからないのですね。

そうすると、誰に席を譲るとか譲らないとか、そういうこだわりを捨てて、黙って立てばいいのだと思います。

わたしが立つことで、空いた席を目の前の若者が座るかもしれません。ほんとうは、おばあちゃんに座ってほしい。若者が座るのはけしからんと思ったりするけれども、それはその若者の問題なのですね。その若者が別の人に席を譲りたければ譲ればいいし、座りたければ座ればいい。あたかも座っていた席を自分の所有物のように考えて、「自分のものをあげるんだよ」というような感覚がおかしいと思うのです。

そう考えると、はじめから座らないという息子のやり方のほうが、正しいのではないかと思ったのです。はじめから座らなければ、それが布施になるということに気がついたのです。

わたしたちにとって、「座りたい」と思うことが、すでにむさぼりなのですね。座ること自体が、他のものを奪っていることになるのです。

道元は、布施というものの本質を、次のように説いています。

その布施といふは、不貪《ふとん》なり。不貪といふは、むさぼらざるなり。むさぼらずといふは、よのなかにいふ、へつらはざるなり。

(「菩提薩埵四摂法《ぼだいさったししょうぼう》」)

布施の本質は、「むさぼらない」ことである。むさぼらないということは、「へつらわない」ことである、というのです。

その意味では、よく宗教でいうところの「布施をしたら功徳がある」などという発想は、布施ではなく、それはむさぼりだということがわかります。

わたしたちは、一所懸命に働くとか、大学に受かりたいとか、進歩向上とか、それはいいことのように思ってきました。しかし、それ自体がすでに「むさぼり」なのです。わたしたちは、出世や金儲け、努力とか発展などは、いいことだと思っています。しかし、それはじつは「むさぼり」なのです。

そして、むさぼることは、「へつらう」ことになります。へつらうとは、他人に評価してもらいたいということですね。世間の価値観に迎合することになります。

道元が「国王、貴族に近づくな」というのは、まさにそのことを言っているわけです。仏法を世間に広めようとして、国王や権力者と近づいていけば、いつしか世間に迎合するようになってしまいます。そして、正法を歪めてしまうことになるのです。

なぜ「半分こ」しなくてはいけないの?

「布施の心」を理解していただくために、次の問題を考えてみてください。

あるとき、お兄ちゃんがパンを一つもらってきました。家には弟がいます。お母さんが、「半分こして食べなさい」と言いました。すると、お兄ちゃんは、不満そうな顔をして、「ボクがもらってきたのに、どうして半分こして食べなくちゃいけないの?」とききます。

そうきかれたとき、お母さんはどうしたらいいのでしょうか。

次の四つのうちどれが正解でしょうか。

A……「半分こ」する

B……一人は食べて一人は食べない

C……二人とも食べない
D……パンを増やす（もう一つ買ってきて分ける）

まず、いちばんよくないのは、Dの「パンを増やす」という考えです。

戦後の日本社会は、パンを増やすためにがむしゃらに突っ走ってきました。ものが充たされれば幸せになると考えていました。

その結果、パンがほとんどない状況から、一人に二個、さらには三個になり、それを通り越して五個も六個もあるようになりました。その揚げ句には、「これを食え、ノルマだ」などと、もののありがたみがなくなり、食べ物を粗末にする飽食の時代になりました。そのため、わたしたちの生き方もおかしくなってきたのです。

むかしは、よく「あめふり」という唱歌が歌われました。この歌は、北原白秋が作詞して、中山晋平が作曲しました。

あめあめ　ふれふれ　かあさんが
じゃのめで　おむかい　うれしいな
ピッチピッチ　チャップチャップ　ランランラン

かけましょ　かばんを　かあさんの
あとから　ゆこゆこ　かねがなる
ピッチピッチ　チャップチャップ　ランランラン

あらあら　あのこは　ずぶぬれだ
やなぎの　ねかたで　ないている
ピッチピッチ　チャップチャップ　ランランラン

かあさん　ぼくのを　かしましょか
きみきみ　このかさ　さしたまえ

ピッチピッチ　チャップチャップ　ランランラン
ぼくなら　いいんだ　かあさんの
おおきな　じゃのめに　はいってく
ピッチピッチ　チャップチャップ　ランランラン

雨の日の相合い傘は、友だちとおしゃべりをしながら水たまりの上を歩いて、楽しいものでした。ところが、近年、相合い傘を禁じている小学校があるそうです。

子どもは、傘をさすのが下手です。自分一人でも濡れてしまいます。ましてや、一本の傘に二人が入れば、たいてい二人ともずぶ濡れになります。だから、相合い傘を禁じているということです。

じつはこのような背景には、母親のエゴイズムがあります。わたしはうちの子に傘を持たせてやった。あるいは、わざわざ学校まで届けてやった。それなのに、傘のない子の犠牲になって、うちの子がずぶ濡れになった。傘を持たない子は、その子の母親が悪いのだから、その子だけ濡れればいい。

——そんな苦情がくるので、たまりかねて学校側は相合い傘の禁止をしたというのです。傘を持ってきた子は、自分で一人でさして帰りなさい。持ってこなかった子は、濡れて帰りなさい。人の傘に入ってはいけません。そういう指導をしているのです。傘を持ってこなかった子が悪いのだという責任論になっているのです。

ひと昔前だと、「あらあら　あのこは　ずぶぬれだ　やなぎの　ねかたで　ないている」という歌のように、ひょっとしたらあの子は、傘が買えない子なのかもしれない、傘のない家の子かもしれない。それは気の毒だという気持ちが働いていました。

ですから「きみきみ　このかさ　さしたまえ　ぼくなら　いいんだ　かあさんの　おおきな　じゃのめに　はいってく」という行為が自然と出てくるのです。

ところが豊かな社会になって、傘の買えない家などはありません。そうすると、あの子は傘があるのに持ってこなかった。だから、本人が悪いのだということになるのです。

そういう考えは、ホームレスの人たちを見て、「働き口はいっぱいあるのに怠けている。働かないあいつらが悪いのだ、けしからん」というものに通じていきます。「自分は正しくて、ちゃんとしている。だから、ちゃんとしていないやつらは、認めることができない」というのは、傲慢でいびつな心です。いまは、そういう思いやりのない社会になってしまっているのだと思います。

傘を持たずにずぶ濡れになっている友だちがいても、自分だけ平気で傘をさして歩くような子は、鬼のような心を持った子だと思います。そんな子どもをつくってはいけないのに、日本の学校教育は、そんな子どもをつくろうとしているのです。

かわいそうだからというのは、布施にならない

さて、残りの三つの中では、皆さんは、きっとAの「半分こ」するのがいいと思うことでしょう。

しかし、三つの中では、Aがいちばんよくないのです。Aの答えの人は、じつは布施の心がわかっていないのです。

それは、どうしてでしょうか？

「半分こして食べなさい」とお母さんが言うと、子どもは「どうして?」とききます。すると、たいがいのお母さんは、「もらえない弟がかわいそうでしょう」と答えるのです。

かわいそうだからあげるということになると、そのとたん、お兄ちゃんに優越感が出てきます。

「もともとはおれのパンなんだぞ。それを分けてやっているのだから、感謝しろ。三べん回ってワンと言え」みたいな心が出てくるのです。

言われた弟は、悔しい思いをします。弟が逆の立場になったら、こんどは弟がお兄ちゃんに同じことをします。そんなことをしていると、やがては兄弟の間に、憎しみが生じてしまうのです。

「相手がかわいそうだからあげる」という気持ちは、人間をダメにしてしまうのです。

そこには持っている人間に優越感があるからです。持っているのが偉い、所有している者が偉いという考えは、やがて持っていない人を軽蔑するようになります。

それは、自分よりも、成績がよくない子や、地位が低い人、お金のない人を軽蔑するようになります。そして、逆に、自分よりも成績がよかったりお金がある人に対しては、へつらうようになります。それは、とても卑しい心です。

お母さんが「こんど弟がもらってきたときには、あなたが半分もらえるでしょう」などというのは、それは「取引」を教えているのです。「貸し借り」の思想です。そうなると、お返ししてくれない者には、あげられないことになります。投資して回収できなければ、見捨てるという発想になってしまいます。人間関係が、計算づくの取引のようになってきます。

ですから「なぜ弟にあげなくちゃいけないの?」ときかれたら、いっそ「あなた一人で食べなさい」と、突っぱねたほうがいいのです。ほっておけばいいのです。

もしも、弟が指をくわえているのをみて、悠然と一人で食べる子だったら、もうあきらめたほうがいいのです。「おれ一人で食べてすまんなあ、やっぱり一緒に食べようよ」と言えるような心を育ててほしいのです。

わたしは子どもの頃に、戦後の食糧難の時代でしたから、栄養失調になりました。家族みんながおかゆを一杯しか食べられないときに、母は特別にわたしにだけ二杯くれるのです。そのとき、弟や妹たちがうらめしそうに見ていました。「ぼくいらんわ」と言っても「おまえは病気だから食べなさい」と、食べさせられます。それはつらいことです。そんなときは、自分が心苦しいから、こちらから弟たちにお願いして、一緒に食べてもらいたいのです。

布施の心とは、雨に濡れている友だちがいたときに、「かわいそう」だから自分の傘に入れてやることではありません。自分一人が傘をさしていたのでは「心苦しい」から、傘に入ってもらうのです。「どうかわたしの傘に入ってね」と頼んで、友だちが入ってくれたら「入ってくれてありがとう」とお礼を言えるのが布施の心です。

相手を救ってやろうという気持ちが、布施の心ではありません。相手を傘に入れあげても、濡れないようにすることはできません。だから「お互いに半分ずつ濡れようね」ということなのです。

カルチャーセンターの講義の帰りなどで、雨に降られて傘を持ってないとき、おばあちゃんが、「先生どうぞお入りください」と、傘をさしてくれることがあります。

おばあちゃんですから、歩くのはゆっくりです。おばあちゃんのほうが背が低かったりすると、二人とも濡れてしまいます。いっそ駅まで走ったほうが、濡れなくてすむのにと思うこともあります。でも、おばあちゃんとゆっくり歩いて、お互いに濡れながらお話をする。それが楽しいのですね。

インドには、たくさんの物ごいがいますが、インド人は彼らを軽蔑しないのです。「どうかもらってください」と、頭を下げてもらっていただくような心があります。これが布施の本質なのですね。もらったほうが、お礼を言わなければならないと考えるのは、布施の心がわかっていません。

――あげたほうが、お礼をいうのが布施――

なのです。だから、電車で席を譲るにしても、いやいやの気持ちで譲るなら、やめてください。座ってもらえると嬉しいから座っていただく。そういう気持ちで席を譲るようであれば、布施になります。でもそうかといって「あ、おじいちゃん、座っていただけますか、ありがとう」などと言ったら、相手が気味悪がりますから、心の中でお礼を言ってください。

神がわたしに与えてくれた

Bの「一人が食べて、一人は食べない」という考えは、利己的でよくないように受け取られますが、じつは「一神教の世界」では、常識的な考えです。

ユダヤ教、キリスト教、イスラム教など一神教の世界の人たちは、自分で稼いだお金で買ったパンであっても、自分のものだとは思っていないのです。一神教の世界では、すべてのものが、

——神さまがくださった——

と考えています。「すべてが神のものである。自分の命でさえも、神のものだ」という強い信念があります。

ユダヤ教の聖典は『旧約聖書』と『タルムード』です。『タルムード』には、微に入り細をうがって律法（神の命令）が記されています。彼らにとって律法に書かれていることは、神が命令していることなのです。

そこには、砂漠に行くのに水を持っていった者と、持っていかなかった者がいたとき、持っていった者は、「自分一人で飲みなさい。分けてはならない。相手を思いやってはいけない」と記載されています。

「なんて思いやりのない宗教だろう」と思うかもしれませんが、ユダヤ教は、砂漠の地方で生まれた宗教であり、日本とは気候風土が大きくちがいます。日本には川がたくさんあり、雨もよく降りますから、水が豊富です。ところが、砂漠の地域では、水がありません。水の用意がなければ、死を意味します。たった一人分の水を二人で分けるようなことになれば、二人とも死んでしまうことにもなります。

「自分一人で飲みなさい。分けてはならない」と律法に記載されているのは、神は、一人は死んでも一人は助かったほうがいいと考えておられるのだということになります。

水筒に水を用意していった人間は、その水筒の水は「神のもの」という考えがあります。「神さまが、わたしを助けようとして水を与えられたのだ」と考えます。だからその男は、自分が持ってきた水でも、「神さまありがとう」と言って、飲むのです。

そして、持ってこなかった者は「水を持ってこなかったのは、神がわたしに与えてくださらなかったのだ。あいつが水を持っているのは、神が与えられたのだ。だから、その水は神のものなのだから、わたしは飲んではならないのだ」と考えます。

一神教の世界では、「わたしと神」というタテの関係が強固にあります。他人はどうあれ、自分と神との契約によって行動するのです。ところが、日本人は「他人はどうだろうか。みんなはどうだろうか」ということで行動します。「赤信号　みんなで渡れば　怖くない」というのが、日本人の行動原理です。

いまの日本人は、神さまからのいただきものという意識がありませんし、自分で稼いだものは自分のものという気持ちでいますから、どうしても弱肉強食の論理が働いて奪い合いの世界になってしまいます。

仏教では二人とも食べない

では、仏教ではどう考えるのでしょうか？

仏教では、「二人とも食べない」のです。だから、Cが正解です。

古代ギリシアの哲学者に、カルネアデスという人がいました。彼が提起した問題に、

――カルネアデスの板――

と名づけられた有名な問題があります。

それは、こういう話です。

あるとき洋上で船が難破しました。一人の男が船板につかまって救助を待っています。そこへもう一人が泳いできました。しかし、この船板はあいにく一人しかつかまれません。この板を、二人がつかまれば二人とも溺れてしまいます。さて、二人はどうしたらいいでしょうか?

このとき、最初につかまっていた者は、あとから来た者に板を渡さずに、見殺しにしていいのでしょうか?

あるいは、あとから来た者が、自分が助かるために、その板を奪い取ることが許されるのでしょうか?

カルネアデスは、そんな問題を提起しました。これは哲学者の間では、まだ納得のいく答えは出ていないのです。

では法律的には、どうなるのでしょうか?

現行の日本の刑法では、この場合、どちらが相手を殺しても罪にはなりません。板を奪い取っても、板を渡さなくてもどちらでもいいのです。

あとから来た者が板を奪い取って殺すことは「緊急避難」として許されています。先につかまっている者が、それを奪おうとする者を殺すことは「正当防衛」になります。自分の生命・財産等を守るために、どうしても相手に危害を及ぼさなければならない場合には、刑法の罪を問われないのです。

これは、極端なことをいえば、法律というものが、自分の生命を守ること(もっといえば、弱肉強食です)を前提にしているので、そういう解釈になるのです。いまの法律というのは、力のある者の勝ちなのです。権利というものは、強く主張したり奪い合って勝ったほうが保護されるともいえるのです。

これは余談ですが、法律には「人を殺してはならない」という条項は一つもありません。「人を殺したら、これこれの罰がある」と書かれているだけです。「売春をしてはならない」とも「盗むな」とも「嘘をつくな」とも書いてないのです。

仏教では、どう答えるのでしょうか？

仏教では、どんなことがあっても、相手の命を奪うことは許されません。だから真の仏教者は、自分の生命を犠牲にしても、相手の命を救うのです。

板に一人しかつかまれないとき、「あなたが助かってください」と言って、船板を相手に渡して沈んでいくのです。あとから来た者は「あなたが最初につかんだのですから、あなたのものです。どうぞあなたがお助かりください」と言って沈んでいくのです。

二人とも沈んでいって、船板だけがぽつんと残ることになります。これが仏教の布施の姿です。

もちろん、わたしたち凡夫には、そうかんたんに布施ができるわけがありません。板を目の前にすれば、きっと奪い合うにちがいありません。けれども布施の心を持っている人は、「こんな場合は仕方がない」として、自己正当化はしません。布施ができずに、自分だけ助かったことを反省し懺悔するわけです。

相合い傘の例でいえば、傘が一つしかなくて、一人が濡れて一人が濡れないなら、いっそ「二人で濡れようね」と言って傘をささないのです。

みんなほとけさまにお供えする

そうすると、一人しかパンを食べられないのだったら、二人とも食べないで一緒にひもじさを味わうということになります。

しかし、せっかくパンがあるのに、二人とも食べないのならば、パンがあまってしまいます。パンを捨てるというのは、よくないことですね。

では、どうすべきでしょうか?

二人が平等に食べることができる方法があるのです。日本人が、昔からやっていたことです。それは、

――みんなほとけさまにお供えする――

のです。かつての日本ではもらってきたものは、なんでもほとけさまに供えたものです。ほとけさまに供えれば、自分の所有権は放棄されて、ほとけさまのものになります。

そして、ほとけさまは、あとで兄弟二人に平等にくださるわけです。ほとけさまがくだ

さるのだから、もうお兄ちゃんのものではありません。

自分のものだから、あげるのではありません。かわいそうだから、あげるのではありません。自分のものでも、じつはほとけさまのものなのです。だからほとけさまにお供えして、ほとけさまからいただくのです。

したがって、最終的には、Aの「半分こ」になるけれども、手続きが必要です。いきなりAばかり考えてしまうのは、よくないのです。

しかし、これは子どもに言うだけではだめです。親が自ら手本を示すことです。日頃から、そういう心でいなければなりません。

お父ちゃんが会社から給料をもらってきたら、ほとけさまに供えるのです。いまは給料袋ではなくて、銀行振込ですから通帳でもいいです。仏壇に向かってチーンとやると、もはやお父ちゃんのものではないのです。お母ちゃんがパートで稼いできても、みんな供えるのです。

「これはわたしが稼いだお金のようだけど、ほとけさまからいただいたお金なんだ。だから、大切にみんなで使おうね」ということになります。

わたしの子どもの頃は、みんなほとけさまに供えたものです。どこで何をもらってきても、みんなほとけさまにお供えしなさいと言われて育ちました。そうすると、学校の成績表でも、まず親に見せる前に、ほとけさまに供えます。チーンとやった瞬間に、ほとけさまの成績になるわけです。そうすると、ほとけさまがくださった成績なのですから、親はいくら成績が悪くても文句は言えなくなるのです。

商売人は、売り上げも、みんなほとけさまからいただいたものとして供えました。嫁をもらっても、ほとけさまからいただいたのだと思っていたのです。そういう感覚がありました。

戦後になって「自分が稼いだ金で、おまえたちを養ってやる」みたいな感覚になって、お母ちゃんも「じゃあ、わたしも稼ぐ」ということになってきたわけです。

いまの親たちは、「おれが稼いだ金でおまえたちを養ってやっているんだ」という気持ちでいるから、子どもにしても「おれがもらってきたのだから、おれのものだ。当たり前じゃないか。おれのものを、なんで弟にやらないといけないんだ」という気持ちになります。

子どもたちは、お父さんに養ってもらっているのでしょうか。そんな馬鹿なことはありませんね。ほとけさまに養ってもらっているのです。そして、子どもは、親のものではありません。それはほとけさまが預けてくださったのです。ほとけさまがくださったのだから、みんなのものですね。

第五章

仏教者は原理主義者であれ

原理主義者　道元

道元は、中国から帰って来た頃は、

「仏法には差別はなく、出家でも在家でも女人でも救われる。悟ることができるかどうかは、ひとえに志によるのだ」

と説いていました。しかし、晩年になってからは、

「出家しないと仏法はわからない」

という「出家至上主義」を説いています。それは、道元は正法を伝えることを、徹底していたからでしょう。

現実の人々を救うことに力点を置くと、現実の人々に合うように仏法を歪めてしまうことがあります。そうなると、いつしか正法が廃れてしまいます。

だから道元は、政治との関わりについては、とても厳しい態度をとっていました。もしも国家権力と結託して仏法を広めようということになれば、政治はご都合主義で妥協の論

理ですから、必ずや大衆迎合となって仏法が変質してしまうことでしょう。

道元の名声を聞き及んで、鎌倉幕府から説法を聞きたいと申し出があったとき、道元は言いました。

若《もし》、仏法に志《こころざし》あらば、山川江海を渡《わたつ》ても、来《きたつ》て可学《まなぶべし》。其《その》志なからん人に、往向《ゆきむかつ》てすすむとも、聞入《ききいれ》ん事不定《ふじょう》也。（『正法眼蔵随聞記《しょうぼうげんぞうずいもんき》』三）

「もし仏法に志があれば、山川紅海を渡って来て学びなさい。その志のない者に、こちらから出向いて教えたとしても、聞き入れることはないだろう」

そこには、権力者にこびへつらう心は微塵もありません。

あるとき、執権北条時頼が、越前の土地を永平寺に寄進したいと申し出ますが、道元は頑固にそれを拒みます。ところが当時、首座《しゅそ》（首席の修行僧）を務めていた玄明《げんみょう》という弟子が、この寄進のことをみなに触れ回ります。道元は、「この喜悦の意きたなし」といって、玄明を寺から追放してしまいます。そのうえ彼が坐禅していた床まで切り取ったということです。なんとも峻厳なことです。

また、後嵯峨上皇《ごさがじょうこう》が道元に紫衣《しえ》を贈ろうとしました。道元は再三辞退したけれども、最終的には拝受したといわれています。しかし、贈られた紫衣は一生涯身につけることはありませんでした。

ただ、晩年になって、北条重時や波多野義重《はたのよししげ》の要請を断るに断れず、教化のために鎌倉に行ったことがありました。約半年間、鎌倉の地で説法しますが、翌年には永平寺に戻っています。

もしかしたら、道元は、政治を通じて仏法を広めて人々を救うことができると考えたのかもしれません。道元は自分の中にある政治家としての血と宗教家としての生き方との狭間で、つねに葛藤しておられたことでしょう。

ともあれ道元は、大衆に受け入れられるような形で、仏法を広めようとはしませんでした。道元は、お釈迦さまの説かれた仏法の原理に、徹底的に忠実であろうとしました。その意味で、道元は、

――原理主義者――

だと思います。いっぽう政治は「ご都合主義」です。原理主義とご都合主義とでは、両立するわけはありません。常に仏法の原理に立っていたのが道元だと思います。

わたしは、仏教者は、あくまで原理主義者であってほしいと思います。

メートル原器とバスの時刻表

現代の日本社会は、完全に狂っています。

まず、政治が狂っています。政治家たちは党利党略ばかりを考え、庶民の苦しみを無視しています。経済がおかしくなりました。大企業の倒産やリストラによって、われわれの生活は不安だらけです。そのせいか自殺者も増えています。また、日本の社会の治安は悪くなり、犯罪の増加は驚くばかりです。

教育がおかしくなり、学級崩壊が指摘されています。医療も荒廃してしまいました。

しかし、にもかかわらず、ほとんどの人がその「狂い」を認識していないのではないでしょうか。政治家も財界人も、また多くの有識者たちが議論していることは、わたしに言

わせれば、
――弥縫策《びほうさく》――
です。つまり、一時の間に合わせの策です。それは、日本の社会の「狂い」を認識できず、ただ一時的に日本がおかしくなっているのであり、そのうち正常化するだろう……と、のんきに考えているからです。まことに極楽蜻蛉《とんぼ》の日本人です。

だが、日本の社会は完全に狂っているのです。完全に狂っているのだから、ちょっとやそっとの小細工を弄して、それを直せるわけがありません。わたしはそう思います。

では、なぜ、日本の社会が狂っているといえるのでしょうか……?

じつは、絶対に狂いが生じない正常なものがあって、その正常なものと比較することによって、現実に狂いが生じたものが「狂っている」と判断できるのです。たとえば、メートル原器がそうです。このメートル原器と比較することによって、現実に使われている物差しが狂っているかどうかが判断されます。

したがって、日本の社会の「狂い」を認識するためには、わたしたちはメートル原器に相当するものを持たねばなりません。そして、そのメートル原器に相当するものが、わた

しは、

——仏法（仏教の教え）——

だと思います。わたしたちは仏教の教えに照らして、現代の社会を「狂っている」と判断し、糾弾することができるのです。

あるとき、おじいちゃんが、バスの時刻表を指しながら、かんかんになって怒っています。

「この時刻表によると、もうとっくに来ているはずなんだ。バスは十五分も遅れている。このバスの路線は、一度も時刻表通りに来たことがないんだ。こんな時刻表だったら、いるもんか！」

そういって、時刻表を叩いて怒っていました。

すると、連れ合いのおばあちゃんが言いました。

「おじいさん。その時刻表がないと、バスがどれだけ遅れているかわかりませんよ」

仏教というものは、いわばバスの時刻表のようなものだと思います。

現実の社会は、決して時刻表通りには、運行しません。

「その通りにならないのなら、時刻表などいらない」と言う方もおられるでしょう。しかし、仏教という時刻表があるから、世の中が狂っていることがわかるのです。

「それなら時刻表に合わせるように努力すべきなんだ。仏教の教えに合わせるように努力するのが正しい」と言う方もおいでになります。

しかし、わたしは、へそ曲がりなもので、どうもそうは思えないんですね。

なぜなら、バスが十五分遅れているとします。この交通渋滞の中で、いくら努力しても、時間通りには走れっこないわけです。もしも十五分遅れているバスが、時刻表通りに運行しようとしたら、何人の人をひき殺さなければならないでしょうか。だから、時刻表通りには、ならないのです。

「時刻表通りには、ならないけれども、少しでも近づける努力をすべきだ」という方もおいでになるでしょう。

でも、やはりわたしは、「そうかなあ……」と思うわけです。

仮にそのバスが十分の遅れになったとします。五分、遅れを取り戻しました。そうすると、次のバスも十五分遅れているわけですから、その間隔は二十分あいてしまいます。次のバスの間が、努力することによって、余計にあいてしまって、かえって不便になることもあります。だから、遅れを正常通りに近づける努力が必要なのかどうか、これもわたしは疑問なのです。

現実の社会は、理想通りにはなりませんね。だから、少しでも理想に近づけたほうがいいのかどうか——、そこがわたしには疑問なのです。

ただ、現実の社会は、ほとけさまの目から見たらおかしいのだという認識は持っていたいわけです。

現実は現実なんだけれども、仏教者は、「バスが遅れてもいい」とは言ってはならないのです。

「バスの時刻表が正しい」と言い続けなければならないのです。それが原理主義者なのです。

必要性と妥協するのがご都合主義

わたしは「必要」ということに迎合するのが、〝ご都合主義〟だと思います。「人を殺してはいけない」という教えは、絶対の原理です。そこには例外はありません。「いついかなるときでも」「どんな理由があっても」殺してはいけないということです。そうしますと、人と人が殺し合う戦争は認めることができません。死刑も認めることはできません。さらには、正当防衛で殺すことも許されません。

ところが、世の中は、いつでも「必要か不必要か」という論理になっています。死刑制度は、世の中のためには必要だという人がいます。死刑があるから犯罪の抑止効果がある。人を殺すのはよくないことだけれども、世の中には必要だから死刑制度は許されるというわけです。

「必要か不必要か」ということと「善か悪か」ということとは、次元がちがうのです。多くの人は、「善と悪」「必要と不必要」の論議をごっちゃにしています。仏法者は、「必要」だからといって、悪を認めてならないのです。悪は悪だと言い切っていかなければなりません。

わたしは、「競争」というものも、悪だと思います。人間が人間と競争するのは、悪なのです。

しかし、「競争は必要だ。競争がなくなれば人間は進歩しないし、経済は破綻してしまう」という人がいます。それは、競争の必要性を言っているわけです。わたしは、「不必要だ」と言っているのではなくて、「悪いことだ」と言っているのです。必要性があるからといって、悪を悪ではないというのはおかしいということです。

さらには、「進歩」が善などというのは、そもそもおかしいと思います。進歩することは、悪かもしれませんよ。人類が進歩することで、自然は破壊され、動植物が死滅し、地球の資源は枯渇してしまいます。他の生き物の権利を奪って、わたしたち人間だけの幸せを考えるのはおかしいということです。

先進国の人だけが進歩することで、どれだけ途上国の人たちに迷惑をかけているでしょうか。どれだけ、森林を伐採しているでしょうか。そういうことを忘れて、進歩を礼賛するのは、人類の自殺行為だと思うのです。

ほとけさまの願いは、一切衆生を幸せにしたいということです。「一切衆生」ですから、それは人類だけではありません。「生きとし生けるものすべて」の幸せなのです。ですから、ひょっとしたら、人類が滅びることがほとけさまの願いかもしれません。

人類の絶滅によって、この地球がよくなるかもしれないのです。そのことを仏教者は、訴えていくことが大切だと思うわけです。ところが日本では、仏教者が、「進歩向上のためにもっと切磋琢磨しろ」などと、競争や進歩を礼賛してしまうのです。

競争原理が人格をダメにしている

いまの日本社会は、「競争原理」によって人間を「商品化」する社会です。

競争がなければ、進歩しないし経済はつぶれてしまうといって、競争によって成り立つ社会をつくってきました。ここにさまざまな問題が集約されています。

日本の資本主義は、企業型の資本主義です。学校教育は、子どもたちが企業に入ることを前提として、教育が行われています。企業人をつくる教育になっています。

本来の学校教育の目的は、「子どもを幸せにする」ことです。「人間として幸せな生き方を教える」ことです。

ところがいまの教育は、子どもの幸せを考えずに、企業が買ってくれる人材をつくるための教育になっています。

世の中のあらゆる分野が競争原理に支配されています。競争に勝てる人間を企業がほしがっています。そのため、競争に勝つ人間をつくることが、教育の根幹にあります。競争に耐えられない人間は、排除されてしまいます。知的障害児だとかハンディキャップのある子どもは、排除されてしまいます。

日本では、競争に勝つ人間が求められ、企業の価値観にどっぷり浸ってしまう人間が求められます。

そもそも競争原理の本質はなんでしょうか。

競争原理とは、競争に勝った者が幸せになり、競争に負けた者は、幸せになる権利はないという考えです。競争に勝った者が不幸になって、競争に負けた人間が幸せになれるとしたら、そんなバカなことはないという考えです。

しかし、よく考えてみれば、競争原理とは、おかしな原理です。競争すれば、勝つ者もいれば負ける者もいます。みんなが勝っているわけがありません。だからそれは、

――半分の人間しか幸せになってはならないという原理――

なのです。「全員が幸せにはなれるわけがない」という考えなのです。

さらに競争原理の怖いところは、競争に負けた者が不幸になるのではなくて、じつは、

――競争に勝った者が不幸になる――

のです。競争に負けた者は、萎縮してしょんぼりさせられて、勝った者は天狗になってしまう。それで人格が歪んでしまうのです。これが競争の怖さです。

外務省の役人、大企業のエリートたちは競争に勝った者です。近ごろ、さまざまな不祥事が暴露されて、そういう者たちこそ、ろくでもない人格であったということが、白日の

下にさらされるようになりました。

狂牛病対策として国が国産牛肉の買い上げをしたときに、輸入牛肉を国産と偽って、業界団体に買い取らせていた企業がありました。大手の食品会社や総合商社、一流企業といわれるところが、鶏肉や豚肉を偽装したり隠ぺい工作をするなど、消費者をあざむく行為を平然と行なっていました。しかも、それは組織ぐるみでした。

自分の会社がそういう犯罪行為をしていることを、社員は知っていたはずです。ところが、どこの会社からも、内部告発はありませんでした。外務省の不祥事にしても、職員は知っていたはずなのに、暴露されるまでは黙っていました。彼らは、国民や消費者に迷惑をかけていることに対して、なんの罪悪感も感じなかったのでしょうか。

自分の勤めている会社が、消費者をだますようなことをしていれば、「そんなことをしてはいけない」と止めるべきだし、「そんなことをするのであれば、わたしは会社をやめます」と言うのが、まっとうな人間の心です。でも、いまの社会では、逆に「そんなことを言う人間がおかしい」と思われてしまいます。

競争に勝った者が、企業の価値観にどっぷりと浸かって「企業の奴隷」や「企業の飼い犬」になってしまったからです。そして、平気で弱い者いじめをしたり、法律を破るようなことをしています。これでは、まるで暴力団と同じではないでしょうか。組に属していれば、親分がいかに理不尽なことを言おうと、「それは、ご無理ごもっともで」と反対することはできません。

人間として幸せになるためには、悪いことをする企業の味方をしない、そういう会社には属さない。わが社だけが大事で、他はどうなってもいいというヤクザの集団のような意識を捨てなくてはいけません。

「儲かれば何をやってもいい。自分の会社さえよければいい。他がどうなろうと構わない。バレなければいい」――世の中全体が、そういう考え方に傾いてしまっています。

ほとけさまの願いは、あらゆる人が幸せになってほしいということです。ほとけさまの目からみると、日本の社会の価値観はおかしいことが、はっきりとわかります。「日本の社会はおかしいのだ」ということを、仏教者は言い続けなくてはならないと思います。

人間が商品として売買されている

『ジャータカ』(お釈迦さまが過去世において菩薩であったときの物語)に、こういう話があります。

あるところに、貞淑な王妃がいました。国王が生きているときは、夫に一所懸命に仕えました。やがて国王が亡くなりましたが、彼女は貞淑を貫いて、浮気もしないで他に嫁ぐこともありませんでした。夜、寝るときも門番を部屋の扉の前に立たせて、よその男が入って来られないようにしていました。

あるとき帝釈天《たいしゃくてん》が、彼女がほんとうに貞淑かどうか、ひとつためしてやろうと思いました。

帝釈天は神さまですから、神通力でどこからでも入ることができます。ある晩、王妃の部屋に入ってきました。

「一晩寝てくれたら、これを差し上げます」といって、純金でできた器に、金貨を山盛り入れて持ってきました。しかし、王妃ははねつけます。帝釈天は、すごすごと帰ります。

次の晩に、またやって来ます。こんどは銀の器に、銀貨を山盛りにして持ってきました。しかし、王妃は、またもや誘惑をはねつけます。

その次の晩に、またやって来ます。こんどは銅の器に、銅貨を山盛りにして持ってきました。しかし、王妃は、またもや誘惑をはねつけました。

しかし、誘惑をはねつけたものの、王妃にはどうも気になることがあって、ききます。

「あなたは、最初に金貨を持ってきて、次に銀貨を、そして、次には銅貨を持ってきました。断られたら、どんどんと贈り物の質を上げていくはずです。どうして、そんなことをするのですか?」

すると帝釈天は言いました。

「后よ、あなたは昨日よりは、今日。今日よりは明日と、だんだんと老い衰えていくのです。だから、あなたの価値は下がっているのです」

帝釈天は、金額を下げることによって、日々、老い衰えて美貌が失われていくという焦りを誘ったわけです。しかし、王妃はそんなことばには乗りませんでした。

――そういうお話です。

いかに若くて美しくて元気であっても、まさに日々、老い衰えていくわけです。それは、そのまま価値が下がっていくことを意味しています。

人生というのは、子どもがどんどんと成長していくときには、上り坂です。しかし大人になってピークに達したら、下り坂になっていきます。それはそのまま、価値が下がっていくことになる。

そういうものの見方が、わたしたちの心の中にあります。

しかし、どこかおかしいと思いませんか?

人生の価値が、昨日よりは今日、今日よりも明日と下がっていくと見るわけですが、その「価値」とはなんなのでしょうか。よく考えてみると、本来の人間としての価値ではなくて、それは、

――商品価値――

なのです。いまの現代の日本社会では、人間がみんな商品にされています。そういう現

実があります。そのことを、わたしたちはしっかりと見ておかなくてはいけません。

親が子どもに、いい高校、いい大学を卒業させようと思うのは、学歴という「はく」をつけて商品価値を上げさせようとしているわけです。一流大学なら、大企業が採用してくれると思うわけです。つまり高く買ってくれる商品として、企業が採用してくれると思うわけです。プロの世界では、自分を商品として高く買ってもらおうとします。プロ野球選手などは、いかにチームに貢献したかをアピールして、高く買ってもらえるように球団側と交渉するわけです。


そもそも、商品として売買される存在を「奴隷」というのです。

奴隷とは、自由がなくて、労働を強制され売買される存在です。かつて、アメリカはアフリカ大陸から現地人を強制的に連れてきて、奴隷として働かせました。奴隷は、労働力として売買される商品でした。

いまの日本人が奴隷になっているというのは、自発的にみずから奴隷になっているわけです。「社奴」ということばがあります、会社奴隷ですね。あるいは、「社畜」ということばもあります。家に飼われているから家畜ですが、会社に飼われているので社畜です。

わたしたちは、日本人はみんな奴隷になっているという現実を、しっかりと認識しておかなくてはいけないと思います。

しかし日本社会の奴隷という存在は、自分が奴隷であることに気がついていません。そして、奴隷の状態から解放されるのを恐れているのです。解放されないように、おれはいつまでも奴隷でいたいのだと企業にしがみついています。

しがみついているから、いまの時代は、とても生きにくいのです。へつらって生きざるを得ない、他人に評価されようとして生きているからつらいのです。

人生の価値は不変、わたしとあなたの価値は等しい

仏教の教えは、

——奴隷になるな。自由人であれ——

ということです。お釈迦さまが、わたしたちに教えられたことは、徹底して「奴隷にな

るな」ということでした。仏教では、自由人であるために、大切なものの見方を教えています。そのひとつは、

――人生の価値は、増えもしなければ、減りもしない――

ということです。人生の価値は、生まれた瞬間から死ぬ瞬間まで、まったく不変なのです。赤ちゃんのときも、青年のときも、壮年のときも、老人のときも、いついかなるときでも、価値は変わらないのです。

ほとけさまから見たら、「生は生として価値」があり、「老いは老いとして価値」があり、「死は死として価値」があるのです。病や老いや死が訪れることで、その人の価値は減ることはないのです。

人間の価値は、いつでもどんなことがあっても不変なのです。元気で働いていても、病気になって倒れても、年をとって動けなくなっても、人生の価値は、増えたり減ったりすることはないのです。

そして同時に、

――わたしとあなたの価値は、まったく同じである――

ということです。ほとけさまの目で見れば、どんな人でもみんな等しく価値を持っているのです。人間には、そもそも高いも安いもないのです。年寄りも若い者も、男も女も、頭のいい人も悪い人も、それぞれが等しく価値を持っているのです。価値があるかないかといって、わたしたちの物差しでわかろうとしてはいけないのです。

江戸時代の黄檗宗《おうばくしゅう》の禅僧に、鉄眼道光《てつげんどうこう》という人がいます。彼は三十六歳のときに大蔵経《だいぞうきょう》の刊行を思い立ち、十七年かかって、六千九百五十六巻の大蔵経の出版を成し遂げました。この大蔵経は「鉄眼大蔵経」と呼ばれて、日本において近代的な仏教研究が行われる母体となったものです。

その鉄眼に『鉄眼禅師仮名法語《てつげんぜんじかなほうご》』という書物があります。この法語は『般若心経』を中心に、女性のために禅の教えを示したものですが、その中にこんな話があります。

いま、黄金でもってさまざまな形のものをつくるとします。恐ろしい鬼の姿、尊い仏の姿、老人の姿、若者の姿、男の姿、女の姿……。われわれ凡夫は、そのつくられた姿にだまされて物を差別します。けれども、仏はそのような外見にとらわれずに、真実の黄金をみておられる。したがって、仏は差別することなく、なお病むことはありません。

わたしたちは、外見にとらわれてあれこれと差別してしまうのですが、仏の眼で見れば、すべてが純金です。みんな等しく価値を持っているのです。あの人は価値が高く、この人は価値が低いということはありません。他人と比べて、わたしの価値が高かったり、低かったりすることはないのです。あらゆる人が仏の子だと知るのが仏教の悟りでありましょう。

ただ、あんまり同じだというと、かえってわかりにくいでしょうから、少しばかりの差はあると考えてもいいのです。少しは差があるのです。

その少しばかりの差というのは、わたしの価値が十億六十九円だとします。すると、あなたは十億七十四円なのです。十億六十九円と十億七十四円と、どっちがすばらしいのでしょうか？　ほとんど同じですね。

そのあたりでみんな競争しているのです。あの人は美人だとか、頭がいいとか、金持ちだとか、出世したとかいうことは、十億六十九円と十億七十四円とを比較しているようなものです。わたしは、ゼロ円だという人もいますが、十億ゼロ円なのですね。

「人生の価値は、増えもしなければ、減りもしない」ということ、そして「わたしとあなたの価値は、まったく同じである」ということ、この二つの見方が、ほとけさまの物差しです。そして、真の自由人であるための、物差しなのです。

もはや何も求めるものはない

ほとけさまの物差しとは、別のことばでいえば、「諸法実相《しょほうじつそう》」ということです。

諸法とは、あらゆる存在。実相とは、真実のことです。すなわち、

――すべての存在があるがままですばらしい。そのままで最高の価値を持っている――

ということです。ですから、病気になれば病気がいいわけです。健康であれば健康がい

いのです。赤ん坊は赤ん坊ですばらしい、年寄りは年寄りですばらしいのです。元気なときは元気ですばらしい、落ち込んだら落ち込んだままですばらしいのです。

道元の教えもつまるところ、この「諸法実相」ということができましょう。たとえば、そのことを次のようなことばから読みとることができます。

すなわち悉有は仏性なり、(中略)衆生の内外《ないげ》すなはち仏性の悉有なり。(「仏性《ぶっしょう》」)

「あらゆるものは、仏性そのものである。生きとし生けるものは、仏性のあらわれである」

というのです。あらゆるものは、仏性そのものです。悟っていようが悟っていまいが、仏であろうが凡夫であろうが、みな等しく仏性そのものです。仏は仏のままですばらしい、凡夫は凡夫のままですばらしいのです。そこには、価値の高い・低いはありません。等しく価値があるとみているのです。

さらに道元は、「本来面目《ほんらいのめんもく》」という題で次のような歌を詠《よ》んでいます。

春は花夏ほととぎす秋は月、冬雪さえて冷しかりけり　（『道元禅師和歌集《どうげんぜんじわかしゅう》』）

この歌は、川端康成がノーベル文学賞を受賞したとき、「美しい日本の私」と題した記念講演の冒頭に掲げられて有名になりました。

春は花が咲いて、夏にはほととぎすが鳴く。秋は月が冴えわたり、冬は雪が降る。そういう、当たり前のこと、あるがままのことが、すずやかである、すばらしいというのです。「あるがまま」のことを「あるがまま」にとらえ、そこに真実を見出しているわけです。

道元は五十四歳のとき病に冒され、療養のため波多野義重の勧めによって上洛します。京都に着いて、在俗の弟子の覚念《かくねん》の屋敷に入ります。

道元は『法華経』「如来神力品《にょらいじんりきほん》」の一節を誦《じゅ》しながら、室内を経行《きんひん》（瞑想をともなった反復歩行）し、その一節を柱に書きつけます。さらに「南無妙法蓮華経庵《あん》」と書き残したといわれています。

書きつけた『法華経』の一節は、以下の句です。

若しくは園の中においても、若しくは林の中においても、若しくは樹下においても、若しくは僧坊においても、若しくは白衣《びゃくえ》の舎にても、若しくは殿堂に在りても、若しくは山・谷・曠野《こうや》にても、この中に皆応に塔を起てて供養すべし。所以は何ん。当に知るべし、この処は即ちこれ道場にして、諸仏はここにおいて阿耨多羅三藐三菩提《あのくたらさんみゃくさんぼだい》を得《え》、諸仏はここにおいて、法輪《ほうりん》を転じ、諸仏はここにおいて、般涅槃《はつねはん》すればなり。

（『法華経』「如来神力品」）

「たとえば園の中においても、林の中においても、樹下においても、僧坊においても、白衣の者のいる建物の中においても、殿堂においても、山や谷や荒野においても、そこに塔を建てて供養すべきである。なぜなら、ここがすなわち道場であって、諸々の仏たちはここでこの上ない正しい悟りを得たのであるし、説法したのであるし、亡くなったのであるからである」

道元にあっては、いずこにあっても、いかなるときでも、まさに「ここがすなわち道場」なのです。「いま・ここ」に徹するとき、そこがそのまま悟りの世界です。

さらに道元は、次のような遺偈《ゆいげ》（原文は漢文）を残しました。

五十四年、第一天を照らす。
箇の踍跳《ぼっちょう》を打して、大千を触破す。
　咦《いい》
渾身覓《もと》むる無く、活きながら黄泉に陥つ。

五十四年の生涯にわたって、この世を正法によって照らしてきた

一個の人間として坐禅に打ち込み、無量の煩悩を打ち破ってきた
ああ
この身に求めるものは何もない
いきいきとした気持ちで黄泉《よみ》へ旅立とう

もはや何ものも求むるものはないという、境地であったことでしょう。
建長五年（一二五三年）八月二十八日、道元はその生涯を閉じました。享年五十四。

〈引用文献の所収本〉

・『正法眼蔵』（『道元禅師全集』第一・二巻、河村孝道校訂、春秋社）
・『道元和尚広録』（『道元禅師全集』第三・四巻、鏡島元隆校訂、春秋社）
・『正法眼蔵随聞記』（『道元禅師全集』第七巻、東隆真校註、春秋社）
・『道元禅師和歌集』（『道元禅師全集』第七巻、河村孝道校訂、春秋社）
・「遺偈」（『道元禅師全集』第七巻、伊藤秀憲校註、春秋社）
・『法華経』（坂本幸男・岩本裕訳注、岩波文庫）
・『大日経』（『国訳一切経』密教部一、宮坂宥勝校訂、大東出版社）

※道元のことばの引用文献名の表記に関して、単カギ（「」）のみ挙げられているものは、すべて『正法眼蔵』の巻名をあらわしています。

ひろ　さちや

宗教評論家。一九三六年、大阪府生まれ。東京大学文学部印度哲学科卒業、同大学院人文科学研究科印度哲学専攻博士課程修了。一九六五年から八五年まで気象大学校教授をつとめる。現在は執筆や講演活動を行い、難解な仏教思想を逆説やユーモアを駆使してわかりやすく解説している。

著書に『仏教の歴史（全十巻）』（春秋社）、『お念仏とは何か』（新潮選書）、『「狂い」のすすめ』（集英社新書）、『わたしの「南無妙法蓮華経」』『わたしの「南無阿弥陀仏」』『ひろさちやの「最澄」を読む』『ひろさちやの「空海」を読む』『ひろさちやの「法然」を読む』『ひろさちやの「親鸞」を読む』『ひろさちやの「日蓮」を読む』『私の中の阿修羅』（以上、佼成出版社）ほか多数ある。

ひろさちやの「道元」を読む

平成14年11月30日　初版　第1刷発行
平成28年7月30日　初版　第7刷発行

著者……………………ひろさちや
発行者………………水野博文
発行所………………株式会社佼成出版社
〒166-8535　東京都杉並区和田2-7-1
TEL(03)5385-2317(編集)　TEL(03)5385-2323(販売)
ホームページ　http://www.kosei-shuppan.co.jp/
印刷所………………株式会社啓文堂
製本所………………株式会社若林製本工場
編集協力……………いちりん堂（池谷 啓）

ISBN978-4-333-01984-7　C0015